行動公共政策

行動経済学の洞察を活用した新たな政策設計

経済協力開発機構（OECD）［編著］
齋藤長行［訳］

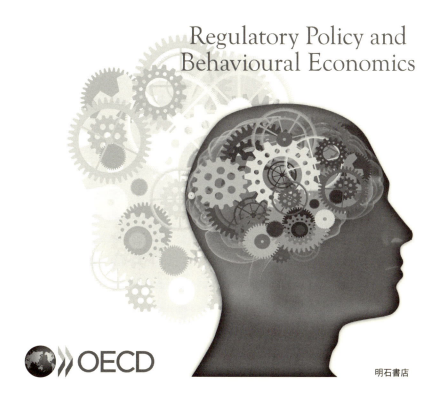

Regulatory Policy and
Behavioural Economics

OECD

明石書店

経済協力開発機構(OECD)

　経済協力開発機構(Organisation for Economic Co-operation and Development, OECD)は、民主主義を原則とする34か国の先進諸国が集まる唯一の国際機関であり、グローバル化の時代にあって経済、社会、環境の諸問題に取り組んでいる。OECDはまた、コーポレート・ガバナンスや情報経済、高齢化等の新しい課題に先頭になって取り組み、各国政府のこれらの新たな状況への対応を支援している。OECDは各国政府がこれまでの政策を相互に比較し、共通の課題に対する解決策を模索し、優れた実績を明らかにし、国内および国際政策の調和を実現する場を提供している。

　OECD加盟国は、オーストラリア、オーストリア、ベルギー、カナダ、チリ、チェコ、デンマーク、エストニア、フィンランド、フランス、ドイツ、ギリシャ、ハンガリー、アイスランド、アイルランド、イスラエル、イタリア、日本、韓国、ルクセンブルク、メキシコ、オランダ、ニュージーランド、ノルウェー、ポーランド、ポルトガル、スロバキア、スロベニア、スペイン、スウェーデン、スイス、トルコ、英国、米国である。欧州委員会もOECDの活動に参加している。

　OECDが収集した統計、経済、社会、環境の諸問題に関する研究成果は、加盟各国の合意に基づく協定、指針、標準と同様にOECD出版物として広く公開されている。

　本書はOECDの事務総長の責任のもとで発行されている。本書で表明されている意見や主張は必ずしもOECDまたはその加盟国政府の公式見解を反映するものではない。

Originally Published in English under the title:

"Regulatory Policy and Behavioural Economics"

© OECD, 2014
©行動公共政策――行動経済学の洞察を活用した新たな政策設計, Japanese language edition, Organisation for Economic Co-operation and Development, Paris, and Akashi Shoten Co., Ltd., Tokyo 2016

Photo credits: Cover © Sergey Nivens – Fotolia.com, © MR.LIGHTMAN – Fotolia.com.
The quality of the Japanese translation and its coherence with the original text is the responsibility of Akashi Shoten Co., Ltd.

訳者はしがき

　行動公共政策、すなわち行動経済学の洞察を活用した公共政策は、2003年にリチャード・セイラー（Richard Thaler）とキャス・サンスティーン（Cass Sunstein）が共著論文として発表した"Libertarian Paternalism Is Not an Oxymoron"（Thaler and Sunstein, 2003）に端を発している。その論文において彼らは、伝統的な指揮統制（command and control）型の統治手法と対照的な方策としてリバタリアン・パターナリズムという政策思想を提唱した。

　リバタリアン・パターナリズムとは、意思決定を行う当事者である人々の選択の自由を尊重しつつも、家父長的な立場から政策執行者が意図する方向に人々を導くものである（Thaler and Sunstein, 2003）。

　ロナルド・ドウォーキン（Ronald Dworkin）は、パターナリズムを「人々の福祉、幸福を実現するために個人の行動の自由もしくは価値に対する干渉が正当化されること」であるとし、「人々の行為を妨げたり、人々の意思決定に干渉することで意思決定の簒奪がなされる」ことであると定義付けている（Dworkin, 1972）。それに対して、Thaler and Sunstein（2008）が提唱するリバタリアン・パターナリズムは、「相対的に弱く、ソフトで、押しつけ的ではない形のパターナリズム」であり、人々の「選択の自由が妨げられているわけでも、選択肢が制限されているわけでも、選択が大きな負担になる」ことなしに家父長的な立場から人々を適切な方向に進むように促すことにより、政策目標を達成しようとするものである。このことから、リバタリアン・パターナリズムは人々が政策に対して従うか従わないかの決定はあくまで彼らにあり、彼らの下す意思決定を尊重しつつも、

政策執行者側が描く社会として望ましい方向に人々を導くという政策理念であると言える。

　しかし、人々はいくら自分たちにとって、または社会にとって望ましいことだとしても、自分に都合が悪くなるような意思決定はしないであろう。なぜなら人間は双曲割引的な行動をとるからである。人が双曲割引的な思考に陥った場合、将来の自分ために必要なことでもその将来価値を割り引いて判断してしまい目先の利益を獲得しようとしてしまう（Ainslie, 2001）。このような行動は、古典派経済学では説明のつかない非合理的な行動であると言える。

　そのような人々にとって決して好ましいとは言えない政策に対して、彼らの行動を政策が目指す方向に導く手法としてThaler and Sunstein（2008）は「ナッジ（Nudge）」を提唱している。ナッジは、「選択を禁ずることも、経済的なインセンティブを大きく変えることもなく、人々の行動を予測可能な形で変える選択アーキテクチャ[1]のあらゆる要素」を組み合わせて人々に提示することにより、政策当局が目指す方向に人々を導く戦術的手法である。

　このThaler and Sunsteinによって生み出されたナッジは、欧米諸国における政策の在り方を変革させている。英国では、2010年にキャメロン首相が、行動科学の洞察を公共政策に活用するためのアドバイサリー組織として内閣府内にBehavioural Insights Team（通称「ナッジユニット」）を設置している。当初、本組織は期限付きの組織であったが、行動経済学の洞察を活用した公共政策に対する国際的なニーズを受け、2014年には各国政府や国際機関をパートナーとする国際的なコンサルティング組織へと発展している。

　一方、米国では、2014年にホワイトハウス内のNational Science and Technology Council（NSTC）にSocial and Behavioral Science Team（SBST）

訳者はしがき

が設置されるとともに、2015年9月には、オバマ大統領が「行動科学の洞察をアメリカ国民に役立てるために活用する（Using Behavioral Science Insights to Better Serve the American People）」という大統領令を公布しており、オバマ大統領の指揮の下で、行動経済学の洞察を活用した公共政策の実験的導入とその効果の評価に着手している。

　このような国際的な新しい公共政策の潮流に同調するように、欧州諸国を主として、行動経済学の洞察を活用した公共政策が取り入れられている。その流れは、個別の国単位での政策にとどまらずに、国際連合、欧州連合、世界銀行などの国際機関においても国際協調の下でこのような公共政策が導入されている。

　これらの国際的な動向を踏まえ、経済協力開発機構（OECD）においても、国際的な行動科学の洞察を活用した公共政策の検討が行われてきている。OECDにおいては、公共ガバナンス及地域開発局（Directorate for Public Governance and Territorial Development: DPGTD）に設置された規制政策委員会（Regulatory Policy Committee: RPC）において議論がなされてきている。

　本書は、ピート・ラン（Pete Lunn）博士により執筆され、2013年11月に行われた第9回規制政策委員会において公表が承認された報告書である。本書では、米国、英国、欧州連合や他の欧州諸国における行動経済学を活用した規制策政策の事例を紹介するとともに、行動経済学を政策設計にどのよう活用することができるかについて検討されている。特に、政策のアプローチとして、「情報と選択肢の単純化」「デフォルトと利便性」「顕著性と注意」「バイアスの除去と決定の質」の有効性について議論が展開されている。さらに、そのような規制政策をどのように波及していくのかについての検討もなされている。

　本書の影響は、OECDの他部局へも広がっている。一例を挙げると、

2016年3月には、科学技術イノベーション局（Directorate for Science, Technology and Innovation: DSTI）に設置されている消費者政策委員会（Committee on Consumer Policy: CCP）において、「電子商取引における消費者保護（Consumer Protection in E-commerce）」（OECD, 2016）というタイトルの勧告が公布された。本勧告では、消費者行動を行動科学の側面から洞察し、そのような行動特性を基にした消費者保護を講じることを国際社会に対して勧告している。

このように、国際政策において広がりを見せる行動公共政策の動向を日本の読者の方々にお伝えできることは、意義深いことであると考えている。

齋藤 長行

注

1. Thaler and Sunsteinは選択アーキテクチャの例として、認知心理学分野において研究されてきたフレーミングやフィードバック、プライミング等による情報の提供や、社会心理学分野において研究されてきた集団同調性やバンドワゴン効果等による誘因、契約理論において研究されてきたデフォルト・ルールやオプトアウト方式等、様々なアプローチを組み合わせることであると述べている。

参考文献

Ainslie, G. (2001), *Breakdown of Will*, New York: Cambridge University Press. (『誘惑される意志：人はなぜ自滅的行動をするのか』ジョージ・エインズリー著、山形浩生訳、NTT出版、2006年)

The Behavioural Insights Team, http://www.behaviouralinsights.co.uk/ (accessed 10 February 2016).

Dworkin, G. (1972), "Paternalism", *Monist*, Vol.5, pp.64-84.

OECD (2016), *Consumer Protection in E-commerce OECD Recommendation*,

訳者はしがき

OECD Publishing.
Social and Behavioral Science Team, https://sbst.gov/ (accessed 10 February 2016).
Thaler, R. H., and C. R. Sunstein (2003), "Libertarian Paternalism Is Not an Oxymoron", *The University of Chicago Law Review*, 70 (4), 1159-1202.
Thaler, R. H., and C. R. Sunstein (2008), *Nudge: improving decisions about health, wealth, and happiness*, Yale University Press, London. (『実践行動経済学：健康、富、幸福への聡明な選択』リチャード・セイラー, キャス・サンスティーン著、遠藤真美訳、日経BP社、2009年)
The White House (2015), Executive Order - Using Behavioral Science Insights to Better Serve the American People, https://www.whitehouse.gov/the-press-office/2015/09/15/executive-order-using-behavioral-science-insights-better-serve-american (April 28, 2016)

序　文

　規制を設計しデリバリーする際に行動経済学を利用することは、規制政策と政策統制の中心的役割を担っている。このアプローチの目的は、従来の経済学が仮定していた市民や事業者の行動様式ではなく、それらの者の実際の行動様式を理解することにより、従来の指揮統制メカニズムを利用せずに、成果を改善することである。本書では、より良い規制を設計しデリバリーするために現在各国政府がどのように行動科学を適用しているかが探究されている。

　本書は、規制の設計とマネジメントに対する革新的かつ実効的アプローチに関するOECD規制政策委員会（OECD Regulatory Policy Committee）のワーキングプログラムに基づき作成された。OECD行政管理地域開発局規制政策課（The OECD Regulatory Policy Division in the Public Governance and Territorial Development Directorate）が委託し、作成過程にわたって情報を提供し指導した。OECD規制政策課（The OECD Regulatory Policy Division）は、フロンティア分野の最新の動向についての比類なき概説を行って下さった著者に謝意を表明したい。

　本書は、著者ピート・ラン（Pete Lunn）博士により執筆され、2013年11月13日の第9回規制政策委員会（The Regulatory Policy Committee: RPC）会議において出版が承認された。

　本書の詳細については、OECD規制政策課上級経済アドバイザーのFaisal Naru (faisal.naru@oecd.org) に連絡されたい。

謝　辞

　本報告書は、未公表資料、各国政府および国家機関の書面、ならびに専門家および政策立案者との個人的な情報収集に大幅に依存している点において異例なものである。その結果、筆者としては、草案を閲覧し意見を提供して頂いた同僚および同業研究者の方々に対する通常の謝意を超える多大な感謝を多数の方々に表さなければならないであろう。行動経済学がどのように政策に情報を与えているかについて国際的な説明をまとめ上げるという考えに熱意を持って応えて下さった多くの方から、アイディアや助言、事例をご提供頂いた。Monica Andersen、Carl Magnus Berglund、Pelle Guldborg Hansen、Olof Johansson-Stemnan、Radboud Koning、Håkan Nyman、Andreas Ortmann、Robert Östling、Carsten Smidt、Réné van Bavel、Arastein Vestreの各氏に深く感謝する。アイディアや書面をご提供頂き、深く議論し、草案を詳細に検討して下さったLiam Delaney、Ian McAuley、Maurice Stuckeの各氏には特別な謝辞を表したい。また、起草にご協力頂いたJason SomervilleとDane Buchananにも感謝を述べる。Faisal Naruには、ご支援や情報、ご意見を頂き、OECD規制政策課のNick Malyshevには、今回の検討を当初促進することとなった討論および議論について大変感謝している。本報告書の出版は、Jennifer Steinが準備して下さり、同氏にも感謝している。これらの多くのご支援にもかかわらず、誤謬および欠落はすべて筆者に帰すべきものである。

行動公共政策
行動経済学の洞察を活用した新たな政策設計

目　次

訳者はしがき ·· 3
序　文 ·· 9
謝　辞 ··· 10
頭字語・略語 ·· 14
要　旨 ··· 15

第1章　はじめに ··· 21
　　▶コラム1　行動情報を活用した規制政策の2つの事例 ········· 24
　　▶図1　ガロン当たりマイル（MPG）尺度と、一定の距離を移動した時の車両による燃料消費量の非線形的な関係 ···················· 26

第2章　定義と範囲 ··· 31
　第1節　行動経済学とは何か？ ··· 32
　第2節　規制政策とは何か？ ··· 34
　　▶図2　規制の循環 ··· 35
　第3節　「ナッジ」 ··· 36

第3章　政策に対する行動経済学の広がり続ける影響 ······ 39
　第1節　米国 ·· 40
　　▶コラム2　2009年CARD法 ··· 42
　第2節　英国 ·· 45
　　▶コラム3　英国ビヘイビア・インサイト・チーム（UKBIT）により設計された介入の2つの事例 ··· 46
　第3節　欧州委員会 ·· 51
　第4節　他の諸国 ·· 52
　第5節　いずれの政策類型および政策分野か？ ····················· 58

第4章　行動経済学と政策設計 ………………………… 61
- 第1節　情報と選択肢の単純化 ………………………… 62
- 第2節　デフォルトと利便性 …………………………… 69
- 第3節　顕著性と注意 …………………………………… 74
- 第4節　バイアスの除去と決定の質 …………………… 78
- 第5節　規制方法 ………………………………………… 83

第5章　規制デリバリー ………………………………… 89

第6章　結　論 …………………………………………… 97

参考文献・資料 …………………………………………… 103

訳者解説 …………………………………………………… 109
1. OECDによる行動公共政策の動向 ………………… 109
2. 国際機関による行動公共政策の動向 ……………… 110
3. なぜ行動公共政策が必要なのか？ ………………… 112
4. 本書が焦点を当てた選択アーキテクチャ ………… 116

訳者あとがき ……………………………………………… 125

頭字語・略語

CARD法	クレジットカード説明責任および開示法(Credit Card Accountability Responsibility and Disclosure Act)
CFPB	消費者金融保護局(Consumer Financial Protection Bureau)
FAFSA	連邦学生支援無料申請(Free Application for Federal Student Aid)
FCA	金融行動監視機構(Financial Conduct Authority)
HMCTS	女王陛下裁判所および仲裁廷庁(Her Majesty's Courts and Tribunal Service)
JRC	共同研究センター(Joint Research Centre)
MCOB	住宅ローン業務規定(Mortgage Conduct of Business)
MPG	ガロン当たりマイル(Miles-per-gallon)
OFGEM	ガスおよび電気市場局(Office of Gas and Electricity Markets)
OFT	公正取引局(Office of Fair Trading)
OIRA	情報・規制問題局(Office of Information and Regulatory Affairs)
RCT	無作為化比較試験(Randomised Controlled Trial)
RPC	規制政策委員会(Regulatory Policy Committee)
UKBIT	英国内閣府ビヘイビア・インサイト・チーム(Behavioural Insights Team at the UK Cabinet Office)

要　旨

　近年、行動経済学および関連学術分野の研究者は、人々の経済上の決定に関するシステマティックな影響を多数発見したが、それらの多くは、正統派ミクロ経済学に反するものであった。本報告書には、この比較的新しい学問が政策にどのように適用されているのかについて、主に規制政策に注目しつつ、その他の政策も視野に入れて、国際的に検討した結果が記載されている。本書では、行動経済学から情報を得た政策の60を超える事例が挙げられている。そして、次に、規制を設計しデリバリーするための考えられる教訓が検討されている。

　行動経済学を定義することは容易でないが、その起原は、心理学と経済学の関係、特に実験心理学から持ち込まれた方法を利用していることにある。行動経済学者は、経済行動の原則を導き出すために試験と観察を繰り返して利用する。経済に対するこの「帰納的」アプローチは、何が合理的な行動かに関する仮説に基づき理論を導き出す従来の「演繹的」アプローチと対照的である。

　行動経済学と、いわゆる「ナッジ（nudge）」とは別の概念であることを認識することは重要である。前者は学術分野である。他方、後者は行動経済学の研究結果を政策に適用する特定の方法であり、政策立案者は選択肢を制限する規制（禁止、上限設定等）を避けるべきであるとし、人々がより良い選択を行うように導くために行動科学を利用するという考え方に基づくものである。

　行動経済学は、多数のOECD加盟国の政策に影響を与えているが、最も明示的なものは、米国と英国にみられる。その例として、2009年に米

国法の仲間入りをしたクレジットカード説明責任および開示法（Credit Card Accountability Responsibility and Disclosure Act: CARD法）が挙げられる。同法で導入されたクレジットカード会社に対するより厳格な規制は、消費者がいかに真の信用コストを認識できていないかを示す行動のエビデンスをその1つの根拠としている。一定の類型の料金が禁止され、会社には、請求書に関する有益な計算方法を示すことが義務付けられた。同法により、消費者余剰が増加する可能性があることが示された。米国における多数のその他の行動情報に基づくイニシアティブの中心は、消費者情報の単純化と標準化にあり、多くの場合、より強力な規制の代わりとして用いられている。

　英国政府は、英国の政策立案者の内部コンサルタントの役割を果たすビヘイビア・インサイト・チーム（Behavioural Insights Team: UKBIT）を採用した。UKBITは、経験的アプローチをとり、行動情報に基づくアイディアを試すために特定地域内で試験や実験を行っている。公衆衛生、雇用活性化、脱税、罰金回収、消費者政策、省エネルギー、および慈善的贈与の分野では、いくつかの介入の成功例がある。多くの場合、成果は予想以上であり、政策設計に対する帰納的な経験的アプローチが肯定されている。

　その他の諸国では、政策に対する行動経済学の適用は、一定の政策分野、特に年金、税制、および消費者保護の分野で一層普及している。欧州委員会は、行動情報に基づくいくつものイニシアティブを講じており、その最も著名なものは、おそらく、デフォルトの設定が選択に強力な影響力を有する可能性があることを示すエビデンスに基づいた、オンライン販売における事前にチェックの入ったボックスの利用を禁止したEU消費者権利指令（EU Consumer Rights Directive）であろう。

　政策に行動経済学が適用された事案の多くは、規制政策に関するものや、追加的な規則または罰則に頼らずに規制目的を追求しようとするもので

あった。例としては、税制上のコンプライアンスが挙げられ、この分野において、実験的試験から、期限内に納税申告を行わなかった者とのコンタクトの性質または表現を変更することによりコンプライアンス違反を減少できることが示された。行動経済学はまた、消費者政策、特に金融サービスや健康保険のような比較的複雑な製品の市場や、サービス契約に関係するその他の市場において導入されている。

規制設計に対する早期の適用においては、行動経済学の3つの原則が強い特徴となっている。第1に、選択は情報の単純化、および選択可能な選択肢の数に左右されることである。第2に、人はより簡便な選択肢、特にデフォルトオプションに惹き付けられることである。第3に、選択肢の顕著性もしくは属性が、決定に対してどの程度重視されるかである。

単純化した製品情報の強制的開示は広く見られ、特に消費者金融サービスにおいて一層普及している。規制当局は、提供する製品群自体をも単純化しようとする場合もある。これらの政策は、消費者の直感に訴えるものであり、消費者からも支持されるであろう。しかし、市場によっては複雑性が消費者に不利益を与えていることを示すエビデンスが存在する一方で、選択肢の単純化を目的とした規制が成功するエビデンスは、現在では多様に挙げられる。このことは、開示要件案に課される追加的費用を利益が上回るようにするために、実験としての特定市場に絞った事前テストが有益であり、さらに比較対照試験は一層有益であることを示唆している。したがって、行動経済学のこれらの方法を取り入れることにより、費用便益分析や規制影響評価を補完できる可能性がある。

意思決定過程も関係する。選択肢がデフォルトオプションとして提示されたものであるかを含めた選択肢の利便性に人がどのように反応するかは、政策立案者の注目を集めている。この点の研究は、多数の国において年金規制に大きな影響を与えたが、その他の政策分野、特に決定者が直ちに生

じる費用と長期的利益とを比較検討しなくてはならない分野に広がっている。

規制当局は、公的な警告や指導等の実効性を変えるために、特徴的な情報により選択が影響を受けるという事実を利用できるであろう。しかし、おそらく顕著性に関する研究がそれ以上に政策に利用されているのは、費用または関連する消費者情報を顕著でないようにする価格戦略や製品説明を企業が利用する恐れがあることに関係する。良き規制設計により、そのような行動を限定することができるであろう。しかし、介入した後の消費者による選択の方が、介入する前の消費者による選択よりも良くなるようにすることは、政策立案者にとって困難なことが多い。この場合にも、その市場に特定のエビデンスが必要となる。

決定する際に非線形性（例えば、複利計算のように比例関係が成り立っていないこと）を考慮しないなどの明確な決定の誤りが、研究により明らかになり、そうした事例のいくつかが存在する。決定者の「バイアスの除去（debias）」を目指して、これらの現象に対処する規制を設計することは可能である。しかし、決定の明確な改善を図ることは、多くの場合困難である。

行動経済学の規制設計に対するこれらの早期の適用を概観すると、行動問題を特定し、可能な解決策を考案することの方が、付随する影響を決定または測定することよりもはるかに簡単であることは明らかである。このことは、今日までの行動情報を活用した政策は、比較的争いがなく、支持を得る可能性が高い介入に集中していたことを意味する。すなわち、決定者は政策の費用を理解していなくても、単純化、利便性、および重要な要素の強調を歓迎する傾向にある。しかし、行動経済学の研究結果から、賭博、金融市場取引、保険の購入、または健康への長期的な影響を有する行動に引き付ける場合など、個人が極めて費用のかかる誤りを犯す可能性が

あることが示唆された分野もある。正統派ミクロ経済学は、不確実性や長期的視野が関係するこれらの意思決定についてモデル化を担保できない恐れがある。多大な不利益が生じるかもしれないということは、そのような不利益の規模を決定することが困難であることと合わさり、その事情に特定的なエビデンスを見いだす経験的アプローチをとったさらなる研究および規制設計が必要であることを示唆している。

　規制デリバリーにおける行動経済学の利用は、従来型の規制設計ほど進んでいないが、同一の原則を適用することができる。単純で遵守しやすい規制の方が、より実効的である可能性が高い。現存するエビデンスはすべて、この見解を支持している。行動経済学はまた、既存の規制を含め、規制の実効性をテストするための方法論を提供している。行動のエビデンスは、公正で平等に適用されていると認識される規制制度の方が、より遵守される可能性が高いことを示唆している。したがって、規制当局には、信頼を構築することが必要となる。

　本書における検討は、行動経済学の研究結果の「明示的な」適用に必然的に集中している。しかし、行動経済学の政策への影響の多くが、もしかしたら「暗示的な」のかもしれないことについても注意することが重要である。なかんずく、オーストラリア、フランス、デンマーク、スウェーデン、ノルウェー、英国、米国、欧州委員会において、一般的に政策立案者の間での行動経済学の認識を高めることを目指したイニシアティブを確認することができる。

　多くの国の経済規制者は、規制デリバリーを支援するため、特に消費者保護および実効的な競争を確保することを目標とした市場研究において行動経済学者を募集し始めた。いくつもの場合、これらのイニシアティブは研究結果のみならず行動経済学の方法をも取り入れた規制政策に対するより経験的なアプローチに帰結している。行動情報を活用した介入は、前向

きな成果を達成することを可能にし、促進するものとして規制政策をとらえる発想を念頭に、一定の決定を禁止するよりも、望ましい決定を支援することを目的とすることが多い。

　行動経済学は、時折端に追いやられていた学術分野としての位置付けから、驚くべき速さで主流となってきた。行動情報を活用した政策例の大半は、この5年の間に見られようになったものである。したがって、政策立案における行動経済学の普及は、迅速かつ広範囲にわたるものであり、本書における検討で調査したエビデンスに基づけば、このような普及が継続する可能性が高いと言えよう。

第1章

はじめに

この数十年間に、個人がどのように経済上の決定を行うのかについての理解は大きく前進した。行動経済学および関連学術分野の研究者たちは、多数のシステマティックな決定現象を発見し、記録しており、その大半が比較対照環境での対象者による選択の観察を行う研究室や現場での実験から明らかにされている。これらの作業を通じて、人による決定が、接する決定の特定の側面およびその決定が行われる状況によりシステマティックに変化することが文書化されてきている。これらの科学的成果により、研究者および政策立案者は、経済活動主体が異なる種類の決定に異なる状況で遭遇した場合にどのような結果となるかがより予想しやすくなるであろう。

本書では、規制政策を中心に、政策に対する行動経済学の適用が検討されている。政策立案者の行動経済学に対する注目度は、ここ5年間に急激に高まった。本書における検討では、米国と英国で最も顕著であり、程度は低くても多数の国においても見られた政策に対する行動経済学の早期の明示的な適用例が説明されている。本書では、行動経済学が政策立案者の世界に入り込み、政策に対するチャレンジおよび可能な政策の選択肢に対する注意を喚起し、さらには活発な検討に基づく新政策や政策変更、政策方針につながっている度合いが検討されている。その上で、行動経済学のそれらの適用を理解するための枠組みが示され、この比較的若い科学と公共政策との関係において生じつつある課題がいくつか特定されている。その次に、規制の設計とデリバリーに対する潜在的な含意が検討されている。

第1に、行動経済学により経済上の意思決定に対するシステマティックな影響が明らかにされること、第2に、規制政策は、政府と公権力が経済活動主体の行動に影響を及ぼすためにどのように規則を利用するかに関係することに鑑みれば、関連する科学の進歩が政策に重要な含意を有することは極めて当然のことである。規制においては、経済活動主体が活動する

状況が部分的に定義されるので、行動経済学の経験的結果は、どのような場合に規制が特定の規制目的を達成する可能性が高いのか、もしくは低いのかについて示唆的である場合が多い。

　部分的には不可避であるが、本書では詳細に取り扱っていない重要な研究分野は、行動経済学の規範的含意を巡る議論である。すなわち、本書における検討は、行動経済学がどのように政策に適用されているのか、およびそのことからどのようなことが言えるのかを分析する実用的分析に主に限定されている。よって、政策当局がその名において、市民の行動の決定に影響を与えるべきかどうかという問題を議論することは避けている。行動経済学により政策立案へのよりパターナリズム的なアプローチが正当化されるかについては、多くの執筆が行われ続けている。一方で、行動経済学が実際にはどのように政策決定を変化させているかについての執筆はそれに比して少ない。後者が本書のねらいである。

　行動経済学により発見された経験的現象の注目に値する側面は、それらの現象が、個人は特定の一連の選択原理に固執し、それぞれ自身の最善の利益のために決定を行うとする合理的選択理論により予測される行動と規則的に矛盾するありさまである。合理的選択理論は、正統派（新古典派）ミクロ経済学の基礎を形成しており、何十年間も経済政策問題の研究に対する支配的な理論的アプローチの土台となってきた。そのため、行動経済学の政策に対する究極的な含意は、重大なものとなる可能性がある。競争政策や消費者政策といった分野でみられる多くの既存の規制は、オーソドックなアプローチから発想を得たのではないとしても、少なくともそのようなアプローチと整合するように設計されている。合理的選択理論およびそこから発想を得たモデルが行動現象によりどの程度不正確であることが判明するかについては依然として議論が多いが、現段階でも研究者や政策立案者は、それらの現象の影響を真剣に受け止めなければいけないこと

は明らかである (Garcés, 2010、Micklitz et al., 2011)。

　いくつもの国の政策立案者は、すでにそのように受け止めている。最近の規制政策には、行動経済学により特定された様々な現象と整合性を持つように、またはそのような現象を活用するように設計されたものがある。介入が行われたのは、大半の情報がいかに単純に経済主体に提示されているのか、経済主体が接する異なる選択肢の利便性、情報の主要な要素の顕著性、およびより程度は低くなるが、経済主体が他の主体がとっている決定について何を知っているのかに集中していた。本書での検討は、これらの先駆的政策を文書化し、検討し、また、なぜこれらの特定の類型の介入が先導となったのかをも考察する。コラム1には、その説明のために、2つの事例が記載されている。

コラム1　行動情報を活用した規制政策の2つの事例

オンライン購入における事前にチェックの入ったボックスの禁止（EU）

　多くのエビデンスにより、決定を下す者は、デフォルトオプションに引き付けられることが示されている。Smith, Goldstein and Johnson (2009) は、このエビデンスについて広範囲にわたり検討し、多くの例を挙げている。正統派ミクロ経済学では、決定はデフォルトオプションの変更には敏感でないと予測される。理由は、決定者にとっての最適な選択肢は変わらないからである。行動経済学では、異なる結果が示された。この効果の強さは、供給者はデフォルトとして表示する選択肢を操作することにより、消費者による決定に影響を与えることが可能であることを意味する。デフォルトは、製品群の中からどの製品を選択するのか、または製品の基本仕様にどのアドオンコンポーネントを追加（または削除）するのかに関してシグナルとして機能させることができる。したがって、オンライン購入において、消費者がより高水準の仕様の（高価な）製品や機能の追

加購入を避けるために、事前にチェックボックスに入っているチェックを自ら外すか、別のチェックボックスにチェックを入れなければならないような販売技法は、販売者にとって特に有利にはたらいてしまうであろう。例としては、デフォルトを設定することにより、消費者が航空券購入時に旅行保険に加入したり、宿泊購入時に食事を付けたり、または消費財のオンラインショッピング時により高価な商品を選択することが挙げられる。

このエビデンスがまさに欧州連合における新消費者保護法の根拠とされた。2013年末までに国内法化し、2014年半ばから施行されなければならない最新のEU消費者権利指令（EU Consumer Rights Directive）では、オンライン購入の際に事前にチェックの入ったボックスを設定することが禁止されている。デフォルトに関する研究から情報を得た政策のその他の例が、本書の第3章（第1節と第2節）および第4章（第2節）に記載されている。

燃費経済性ラベル（米国）

消費者は、車の燃費の経済性を直接確認できないことから、多くの国で消費者が比較できるようにするための標準尺度の利用を規定した規制が用いられている。採用された標準尺度の多くは、燃費の経済性を燃料単位当たりの距離（例えば、「ガロン当たりマイル」「リットル当たりキロメートル」）として表現するものである。しかし、今日では広い範囲で引用されているLarrick and Soll (2008) の研究では、そのような尺度の非線形性（比例の関係が成り立たない）が、どのように判断に影響し得る「認知的錯誤（cognitive illusion）」を誘発しているかが示された。結局は、車を運転する費用は、一定の距離を移動するためにどのくらいの燃料が必要かによる。図1に示されているように、5ガロン当たりマイルの違いは、10ガロン当たりマイルと15ガロン当たりマイルとの間の違いの場合の方が、50ガロン当たりマイルと55ガロン当たりマイルとの間の違いの場合よりも燃費に対する影響が大幅に大きい。消費者がこの非線形性を理解していない場合、Larrick and Soll (2008) が示したエビデンスが高い可能性を示唆し

ているように、消費者は、より非効率的な車両に投資してしまう恐れがある。

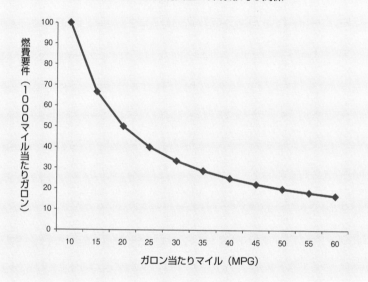

図1　ガロン当たりマイル（MPG）尺度と、一定の距離を移動した時の車両による燃料消費量の非線形的な関係

　米国環境保護庁は、このような行動特性を認識して、車両のラベリングに対する規制を変更した。新規制では、ラベルには、両者とも燃費経済性の線型的尺度である100マイル当たりガロンおよび予測年間燃料費で表した燃費経済性も記載しなければならない。これは、人の判断に対する潜在的な悪影響がこれまでのエビデンスにより特定されたことから、決定者の「バイアスの除去（debias）」の試みとして規制が利用された一例である（第4章第4節参照）。しかし、近年のいくつかのエビデンスでは、実際の購入行動に対するこの悪影響は、小さい可能性があることが示唆されていることについても注目しなければならない（Allcott, 2013）。

第 1 章　はじめに

　規制政策は行動経済学が特別の関連性を有する分野であるが、行動経済学が影響を及ぼしている他の政策分野も存在する。これらの政策分野での行動経済学の活用から学ぶことのできる教訓には、規制政策の設計とデリバリーの助けとなるものもあることから、本書における検討では、行動経済学と政策のより一般的な関係を簡潔に項目別に取り上げる。

　規制政策は、行動経済学の影響とは関わりなく、それ自体近年大幅に進展した分野である。健全な規制の枠組みは、企業と消費者にとっての効率的な公正市場の創設、ならびに取引や投資に資する経済情勢の促進に重要であることについて認識が高まっている。経済が滞りなく機能しなくてはならず、経済成長の機会が完全に実現されなければならないのであれば実効的な規制政策が重要となるという認識に押され、多くの国家政府や超国家団体が、良き規制慣行を定着させるため、またはより良き規制もしくは賢明な規制を達成するために、規制改革を目指したイニシアティブをとっている。

　世界金融危機により、より良い規制を追求すべき緊急性は高まった。危機により、重大な欠陥が明らかになった。その理由は、特に規制当局が市場の効率性、および金融市場の行為主体の決定能力、特に健全な決定を行う能力を過信していたことであった。OECDは、高品質な規制のための推奨される一連の原則を通してこれらの欠陥のいくつかに対処することを意図した「規制政策およびガバナンスに関する理事会勧告（Recommendation of the Council on Regulatory Policy and Governance）」（OECD, 2012）を公表した。これらの原則およびそれらがどのように行動経済学の研究結果と関連するかについては、本書の様々な箇所で触れている。

　これらは、政策立案者による行動経済学の採用および利用の初期段階のものであることを理解することは重要である。この科学と公共政策との間のインターフェースはダイナミックなものであり、誤りが犯される可能性

は高いが、望ましくはそこから学ぶことである。トライ&エラーが必要なのである。行動現象から発想を得た政策の初期段階での成功は、必ずしも継続的な成功を暗示しない。失敗を、行動経済学は単なる政策上の最新の一時的熱狂であるという見解に一般化すべきでない。

　以下に続く分析では、一貫した分析をすることを目標としているが、行動経済学がどのように政策に影響を与えているかを網羅的に説明することは不可能である。一部には、このことは、規制政策が行動経済学から情報を得ている場合をすべて文書化することは、明らかに本書における検討の範囲を大幅に超える課題であると言える。また、行動に関する研究が介入の中心的理論的根拠となった事例の方が、政策立案者の決定が単に影響を受けた場合よりも特定するのが容易である。それでも、行動経済学の後者の適用は、一般化している可能性がある。特定の政策問題の行動経済学的見方は、いくつもの影響のうちの1つにすぎない。その他の場合、行動経済学の影響は政策の選択肢が追求されないことにつながるので、特定困難となることがある。例として挙げられるのは、特定の市場において追加的な製品情報を提供することを強制することである。そのような強制は、理論的には、合理的選択理論に従って行動する行動主体の利益になるべきものであるが、行動経済学によれば、利用可能な製品情報は、消費者が実効的にそれらの情報を活用するためにはすでに複雑すぎることから、消費者の利益となる可能性は低いことが示唆される。行動情報により新しい規制の量が限定されるこのような場合は、新しい介入に帰結する場合よりも文書化される可能性が低い。

　上記に鑑み、本書における検討は、必然的に政策が行動現象のエビデンスにより動機付けられている場合のより大規模でより顕著な例を主題としている。しかし、行動経済学のアプローチによる全般的な影響を過小評価してはならない。筆者は、本書における検討をとりまとめるにあたり、多

数の国の専門家および政策立案者とともに行動経済学の政策への適用を議論した。その多数が、意思決定に関する行動経済学の原理および概念のより一般的な影響は、行動経済学の研究結果から発想を得た具体的な政策と少なくとも同等に重要であるという見解であった。

　行動経済学に基づく政策の最も早期の最も熱心な採用者は、疑いなく米国と英国である。そのため、これらの国における採用が、議論されている事例の大半を占めている。これらの展開は、行動経済学はどのように政策立案者により適用されるべきであるかの問題に対する専門用語としては「リバタリアン・パターナリズム（libertarian paternalism）」と称されるが、より一般的には「ナッジ（nudge）」（Thaler and Sunstein, 2003, 2008）として知られている特定のアプローチと密接に関連する。このアプローチの中心的アイディアは、当局が、経済活動主体の選択を制約せずに、それらの選択に影響を与えることである。このアプローチは、行動経済学を政策設計に利用する多くの可能な方法のうちの1つにすぎないことを理解することは重要である（第2章第3節参照）。

　これまでの関連性ある展開の多くは、将来的なものであった。すなわち、特定の政策の文脈における政策試験、政策実験、または行動研究である。現在までに、明示的に行動経済学の研究結果に基づき、実施後に時間をかけてその効果が証明され、より良い政策として、適切に評価された規制政策は少ない。しかし、早期における規制政策立案者による行動経済学の活用の試みには共通性が存在し、本書における検討では、この点が強調され、議論されている。さらに政策立案者らは、実践していく過程において、特定の政策と行動経済学をどのように規制政策に統合することが最善なのかについて、教訓を学んでいる兆候が確認される。

　本書の目的は検討を行うものであるので、そのようなものとして中心的な課題は存在しない。しかし、主要な課題はある。議論の余地はあるが、

現在の実践における規制政策に対する行動経済学の影響は、政策策定の方法においても、とられた特定の介入にも、同等に関連性を有することが示唆されている。より具体的には、いくつもの国において、実験と比較対照試験を規制設計過程や規制デリバリーに統合する、より経験的なアプローチが採用されている。これは、経済学に新しい研究結果をもたらしたのみならず、代替的な科学的方法をも生み出した行動経済学自体の発展に歩調を合わせたものである。

第2章

定義と範囲

第1節　行動経済学とは何か？

　行動経済学に対する普遍的な定義は存在しないため、この問いは、思いのほか答えを見いだすのが難しい。定義はすべて、経済学と心理学の関係に一定程度依拠している。標準的な辞書的定義では、行動経済学とは、心理学からの情報を経済問題の研究に統合するものである。定義には、それを超えて、行動経済学を合理的選択理論に反する心理現象との関係でより具体的に定義したものがある（例えばThaler and Mullainathan, 2000）。

　しかし、心理学からの情報に加えて、行動経済学は方法も組み入れた（Shiller, 2005）。20世紀の間、実験心理学が有力な帰納的科学として登場した。言い換えれば、研究結果や原則、理論は、行動観察の繰り返し、通常は人および動物の周辺環境をシステマティックに操作する対照実験における行動観察の繰り返しから導かれる。主に帰納的な方法を用いる科学的方法は、その大半の理論を公理の仮定から導き出し、その次に経験的にテストすることから、新古典派経済学のより演繹的な方法と顕著に対照的である。帰納的理由付けと演繹的理由付けとの間のバランスに関するこの方法論の違いは、我々がどのように行動経済学をとらえるかについて2つの含意を有する。第1に、帰納的実験では、原理としては（そして時折実際に）合理的選択理論の予測が確認されることがある。したがって、行動経済学を合理的選択理論と反対のものとして定義することは不適切である。第2に、行動経済学では市場における行動が強調されるので、実験的設計および経験的研究結果の多くは、経済学および心理学の両者にとって新しいものである。すなわち、心理学は行動経済学に情報を与える可能性があるが、その反対も起こる。これらの2つの含意により、行動経済学のより広い定

第2章　定義と範囲

義が必要となる（Lunn, 2012）。

　さらに複雑なことに行動経済学、経済心理学、認知心理学、意思決定科学、神経経済学、マーケティングサイエンス、より一般的な行動経済学を含む他の分野との間には重複する部分がある。これらの関連学術分野も、専属的ではないが、主に帰納的科学のアプローチを使用していることは指摘するに値する。結果が本書で扱っているような経済問題に関連性を有する場合、その最大の理由は観察された経験的現象は経済または規制あるいはその両方の文脈で一般化される可能性があることである。

　上記の議論の線に沿って、本書における検討において採用される行動経済学の定義は、広くなければならない。本書では、行動経済学は帰納的な科学手法を適用した経済活動に関する研究と定義する。したがって、意思決定に関する経験的研究およびそこから導き出したモデルを経済問題に適用する場合、それは関連する研究が経済学者により行われるかそれ以外のいかなる者により行われるかにかかわらず、行動経済学に入れられる。本書の目的においては、この定義には、政策立案に対する行動経済学の影響を検討する際に網を広くかけるという利点があり、そのことは概観を提供するために適切である。この定義には、他の学術分野の研究者からは、当然のことながら非経済学者とクレジットすべきであると考えられる行動経済学の現象が主張されるという欠点もある（Kahneman, 2013参照）。

　現段階では、この定義に入る関連性ある行動現象の数は、本書における検討においてまとめるには遥かに多すぎる。個人（および、ある程度の企業）の経済上の決定により行った選択、決定構造、行為主体による当該構造の認識、および決定が行われる状況の異なる特性との間のシステマティックな関係が多数示される。研究結果の多くが、合理的選択理論と真っ向から矛盾する。極めて大まかに言えば、矛盾は、2つの形式のどちらかの形式で生じる。第1に、人による選択は、なかんずく、決定がいつ行わ

れるか、決定の異なる要素がどのように決定者に提示されているのか、決定者はどのように決定を伝えなければならないのか、関連する要素の明らかに誤った認識、選択肢セットの複雑さ、および初期保有量によってシステマティックに変化するので、一貫性に欠けることが研究結果により示されている。選択が一貫していないということは、少なくともそのいつくかの決定は最適ではないということを意味する。第2に、人の決定は、自分自身による結論以上のものに基づいていることが研究結果により明らかにされている。大半の人が、分配の公正さ、手続の公正さ、信頼および相互性に関心を持っている一方、少なくとも一部の者は時に利他的に行動する。行動経済学により発見された現象には、この大まかな2分類を超える多くの代替的類型化が存在する。異なる視点からの高度な検討には、個人の行動に関してはKahneman (2011)、DellaVigna (2009)、Rabin (1998)、政策立案に関してはCongdon *et al.* (2011)、Sunstein (2011)、Dolan *et al.* (2010)、Shafir (2013) により編集された近年版、企業による意思決定に関してはArmstrong and Huck (2010) が含まれる。

第2節　規制政策とは何か？

　規制政策についても全体論的定義を採用することは同様に有益である。標準的な定義は、経済における私的行動主体の行動に影響を与えるための政府および規制当局による規則の実施であろう。しかし、この定義では、規則の代わりとなる他の形式の介入が入る余地はない。
　OECD (2012) は、規制政策を、規制品質の設計、蓄積管理、デリバリーにおける、中心原理、制度、過程として認識している（図2）。規制政策に対する行動経済学の早期における貢献の1つは、規制を設けることなしに

規制成果を得る方法として可能な方法、すなわち同一の公共政策目的を達成するように設計された規制以外の代替的方法の根拠となったことである。規制以外の方法を通じて規制するということは、矛盾ではない。質の高い規制政策では、代替策の追求が強調されることがあり、規制政策は、規制の評価および規制目的を達成しない規制の廃止から利益を得ることがある（OECD, 2012, 勧告4および5）。

図２　規制の循環

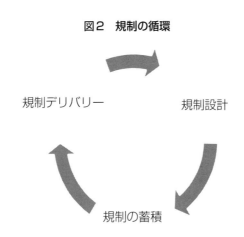

したがって、本書においては規制政策も広くとらえている。本書の目的においては、規制政策は経済における私的活動主体に影響を与えることを目指して政府や公権力が規則とその代わりになるものを検討、評価、実施する枠組みである。

中心的概念を定義した上で、本書における検討の範囲は、これまでに公共政策、特に規制政策に行動経済学が影響を与えた例を照合し、それらの重要性を測る方法の採用により定まる。主な情報源は、公表されている学術文献、政策文書、ならびに関連国の専門家や政策立案者との個人的な情報収集である。その結果、行動経済学の影響が書面化され、明示された場

合の例がより強調されている。政策は、行動経済学の1つまたは複数の研究結果が、その政策の設計またはその政策を進めるかに関する判断において1つの要素であった場合に、「行動情報（behaviourally informed）」とみなされる。

第3節 「ナッジ」

　米国や英国においては、現在では相当なものとなっている行動経済学の影響は、リチャード・セーラー（Richard Thaler）とキャス・サンスティーン（Cass Sunstein）の著作から生まれた極めて影響力のある1つのアプローチから生じている。これらの著者は、政策に対する行動経済学の適用についての原理の先駆者であり、彼らはこれを当初「リバタリアン・パターナリズム（libertarian paternalism）」と表現し（Thaler and Sunstein, 2003）、その後「ナッジ（nudge）」（セーラーとサスティーンの2008年の人気のある著書の題名）と名付けた。この概念は、行動主体が最適とは言えない決定を行ってしまう状況において当局に責任がある場合に適用される。ナッジには、2つの定義上の特徴がある。第1に、当局は明らかに最適とは言えない選択肢を選ぶことを妨げないことにより、自由選択の余地を確保する。そして第2に、行動科学の研究結果は、より良い決定が行われる可能性が高まるように決定が行われる状況を変化させるために使用される。専門用語で言えば、当局は利益の追求が自由選択を通じて実現されるような形で「選択アーキテクチャー（choice architecture）」を設定する。このアプローチは、言うまでもなく、関連当局が、新しい結果が福祉の改善になると判断できる、すなわち我々はいつ決定するのが「より良い（better）」かを決定できると仮定している。この仮定には、議論の余地はない（Beshears *et al.*, 2008、Sugden, 2011、第4章第4節参照）。ナッジの導入を正当化するために、討論を規制政策ツールの専門用語に移すには、当局がナッジ後の成果を「事前」に計算できるだけでなく、それらの成果がいかなる改善となるのかを示すことができるような明確な規制影響分析が必要となる。

　ある介入がナッジに入るかは、採用される見方に依存する部分がある。例えば、消費者が不利益な取引を選択することにより最適とは言えない決定を行っているように見える市場においては、おそらくナッジの具体的な提案として、製品の不利益な点を目立たせることが効果的なことから、製品の比較を容易にするための製品情報開示を標準形式に含めることが有効となるであろう。そのような場合、消費者は、自分が本当に望むのであれば、明らかに不利益な取引を選択し続けることもできるが、大抵より良い取引にナッジ（うなが）される。しかし、それにもかかわらず一定の類型の情報開示を強制し、または他の類型の情報開示を妨げる規制には、いずれも強制的要素が含まれる。強制は、企業の選択肢の幅を限定し、その延長として強制されたようには製品を説明することを望まない企業を消費者が利用できる可能性を限定する。言い換えれば、ナッジによる介入とそうでない介入との間の区別は完全に明確なものではない。実際には、ナッジにより一定の経済行動主体の選択、多くは企業の選択をある程度制約することができる。有名な例は、英国においてOFGEMにより導入されている国内エネルギー料金の改革である（第4章第1節参照）。

　最も重要なことは、行動経済学とナッジは、お互いを持って定義されることが多いにもかかわらず区別された概念である。一方は実用的であり、他方は論理的である。行動経済学は、科学的専門分野（または学術分野）であり、ナッジは当該学科の成果を政策立案に適用する1つのあり得る方法である。ナッジを活用することを提唱することは、科学的成果がどのように利用されるべきかに関する論理的立場である。この立場の利点が何で

あれ、科学的成果自体から導き出すことはできないことを指摘することは重要である。この点が示されている例が、本書における検討の処々で扱われている。

　一層多様化する研究結果を生み出している学術分野として、行動経済学はナッジを設計する助けになることよりも大幅に多くのことを政策立案者に行える潜在性を有する。具体的な例を1つ挙げれば、競争政策を執行する規制当局は市場分析の参考として行動経済学からの情報を使用することができ、それにより業界組織の経済原理に基づく従来のアプローチを補完することができる。行動分析は、明らかに競争が存在するにもかかわらず既存企業がその独占的地位を維持する能力、またはいくつかの市場におけるコストがより低いと思われる供給者に消費者が乗り換えようとしない傾向のような問題を規制当局が理解することに資する可能性がある。Stucke (2012) は、行動経済学がどのように競争政策に有益でありうるかに関するその他の例を提供している。しかし、ここにおいてより広いポイントは、この比較的新しい学術分野は、検討している政策がナッジであるかないかにかかわらず、経済上の決定をより良く理解することで政策立案者が利益を得る可能性があることである。

第3章

政策に対する行動経済学の広がり続ける影響

この章では、行動情報政策立案の広がりが項目別に記載されている。現段階では、その大半が近年のものであることから、関連するイニシアティブの成功またはその他の結果についての評価を示すことは不可能である。

米国と英国の両国では、行動経済学研究において卓越した業績を収めた個人が、政府の中核の役職または諮問的立場に指名されているという意味で、行動経済学の影響は顕著であった。最も著名な2つの例は、「ナッジ」の著者である。キャス・サンスティーン（Cass Sunstein）は、2009年から2012年までホワイトハウスの情報・規制問題局（Office of Information and Regulatory Affairs: OIRA）の局長であった。リチャード・セーラー（Richard Thaler）は、2010年の英国内閣府のビヘイビア・インサイト・チーム（Behavioural Insights Team at the UK Cabinet Office: UKBIT）の組成時からそのアドバイザーであった。行動情報を活用した考え方が政府の省庁およびその部局にわたって普及したのに加えて、これらの中央政府機関の両者とも、極めて多数の具体的な行動情報イニシアティブについて責任を負った。

第1節　米国

省庁および各部局の長に対する大統領令およびメモを通じて、情報・規制問題局（OIRA）は、行動情報の主要な原則を徐々に米国政府規制に取り入れようとした（詳細については、Sunstein, 2011参照）。これらの取り組みの著名な例は、消費者または依頼者が購入またはその他の選択を行う場合の情報の「単純化された開示（simplified disclosure）」（第4章第1節参照）を規制ツールとして、そして従来型の「指揮統制（command and control）」規制の代わりに多用したことが挙げられる。OIRAは、単純化に加えて、

概要の開示とすべての情報の開示との区別を確立することを目指した（第4章第1節参照）。このような先導的取り組みの背後にある主要な行動の洞察は、個人による決定はいかなる情報が入手可能かのみならず、当該情報がどのように開示され構成されているかによって影響されるということである。OIRAは、単純化された開示の規制ツールとしての重要性を確立するとともに、情報の開示の省庁および各部局による行動情報原則の使用を促進してきた。その情報には、提供される情報の単純化および顕著性、ならびに行動のエビデンスに従うことが良き決定の助けとなりそうな有益なデフォルトの設定に関するものが含まれた。

これらOIRAの先導的取り組みの重要な側面は、古い規制をテストすることおよび新しい規制の有効性について監視することに重点を置いていることである。政策は、規制の蓄積の管理において行動に基づくアプローチを採用することを明示的に試みている（図2）。政府および省庁には、既存の規則を遡及的に分析することが要求され、異なる情報開示の効果を評価するために将来的および遡及的分析の両者において、科学的な比較対照実験、特に無作為化比較試験を使用することが奨励されている。

近年米国では、行動情報を活用した政策における他の流れもあり、それらのいくつかは、コラム2と第4章でより詳細に取り扱われている。行動原則は、クレジットカードの規制を強化した2009年CARD法（2009 CARD Act）（コラム2）、米国の健康管理を改革した患者保護ならびに医療費負担適正化法（Patient Protection and Affordable Care Act）、食品およびエネルギーに関する製品ラベリングの規制、年金計画および教育過程に関する製品説明の規制、消費者による決定を改善することを意図した有益な個人データを消費者に提供するためのいくつもの「マイ・データ（MyData）」イニシアティブ（第4章第1節参照）、国が後援する健康管理および学校給食に対する適格性を決定するための管理方法の再設計、福祉手

当を受給する新しい方法、行動情報を活用した職域年金制度、ならびに単純化した「食品の皿（food plate）」により栄養バランスを視覚的に表示するための食品医薬品局（Food and Drug Administration）の「食品ピラミッド（food pyramid）」の設計に関係した。多数の州および地方においては、食品選択が行われる環境を変化させるために、児童栄養プログラムにおける行動経済学のためのコーネルセンター（Cornell's Center for Behavioral Economics in Child Nutrition Programmes）の成果に基づく行動情報から発想を得た政策が数多く採用された。

米国金融規制に特定した行動経済学の近時の適用は、世界金融恐慌の初期に確認され改善された規制政策の必要性を反映している（OECD, 2012）。2010年ドッド＝フランク・ウォール街改革・消費者保護法（Dodd-Frank Wall Street Reform and Consumer Protection Act）では、「消費者金融商品およびサービスの市場がアメリカ人のために作用するようにする」ことを使命とした消費者金融保護局（Consumer Financial Protection Bureau: CFPB）が設置された。この新機関への募集は、当初政策論争により遅滞させられたが、CFPBは現在全面的に運営可能となっている。CFPBは、大きな規制権力を有し、その業務に行動経済学を組み入れることを明示的に試みている。

コラム2　2009年CARD法

クレジットカード説明責任および開示法（The Credit Card Accountability Responsibility and Disclosure: CARD）は、2009年5月にオバマ大統領により署名され、米国法として公式に承認された。この法律は、金融恐慌の初期に、消費者の金融上の保護を強化する必要性があることが認識されたことが発端となっている。法律の規定には、米国のクレジットカード会社による不公正または誤導的な慣行とみなされたも

第3章 政策に対する行動経済学の広がり続ける影響

のに対処することを目的としたものがあった。これらの慣行のいくつもが、行動経済学の研究報告において数多く取り上げられた現象を前提にしていると思われるものであり、この法律の規定には、行動情報の洞察に基づいているものがある。

具体的に言えば、（様々な規模および強さの）エビデンスの集まりにより、個人による決定は時間と整合性を有せず、したがってその時点で購入するかを検討する際に、将来ありうる多大な費用を過度に割り引いて考えている消費者がいることが示唆されている。すなわち、消費者の中には、手数料または利息の利率および諸条件の変更のような潜在的費用に十分注意しない者がいるということ。また、消費者は料金が発生する可能性を評価する場合に、楽観的すぎる場合があるということ。消費者の多くは、非線形的な複利を理解しないこと。一方、消費者は最低支払金額の情報に自らの意識を「アンカー（anchor）」させる場合がある（または助言として取り扱いさえする場合がある）ことが挙げられる。

CARD法は、クレジットカード市場におけるそのような行動現象の悪影響を、主に実質的に「隠した（hidden）」料金設定をすることの禁止、および貸手に対して消費者により有益でかつタイムリーな情報を提供することを強制することを通じて限定しようとした。主要な規定の1つは、信用限度を超える取引を行う際に、当該取引を消費者が明示的に認めていない限り料金を課すのでなく、控えることを貸手に強制するものであった。支払が遅滞したものとして分類される場合をより明確に定義し、利率および諸条件の変更の通知期間を延長し、利用しない場合の料金を禁止し、違約金の数および金額を制限するための新しい規則が導入された。CARD法にはまた、特別なナッジが規定されていた。それは、貸手が請求書に最低月額返済金により残高を返済するための時間および費用の明示的計算、ならびに36か月にわたっての返済の費用についての類似の計算を記載することを強制するものであった。

上記のこと、およびクレジットカードの使用の普及に鑑み、2009年CARD法は、これまでで最も顕著な行動経済学の政策への適用の1つと

> 考えることができる。現在においては、影響を完全に評価するにはエビデンスが不十分であるが、CARD法の可決以来の米国クレジットカード市場の当初の定量分析の結果は、価値のあるものである。単一の研究から多くを導き出しすぎるのは賢明でないが、Argawal *et al.*(2013)は近年、1億5,000万を超える口座のデータに基づき、隠れた料金に対する規制は年間210億米ドルを消費者に節約させることを推算した。彼らはまた、明示的な計算を請求書へ記載することを含むナッジは、料金支払金額の減額と比較すると小さい効果ではあるが、返済に対する重大なインパクトとなったとしている。

おそらく、これまでで最も卓越したCFPBの政策は、住宅ローン、クレジットカードおよび学生ローンについての情報開示について、これらの金融商品の複雑性が消費者の決定に悪影響を与えているという行動現象のエビデンスに基づき、情報を単純化させることを目的とした「負担する前に知る(know before you owe)」イニシアティブであろう。CFPBは、単純化された開示様式の試作を消費者に対してプレテストした。これは、クロージングドキュメントにおいて、すなわち販売時点において新様式を強制することを提案するものである。

具体的に取り上げるのに値する米国におけるもう1つの政策は、肥満、特に児童の間での肥満に対処することを意図したものであり、これはニューヨーク市の主導に従い複数の地方政府により試みられた、一定の分量を超える甘い炭酸飲料の販売を禁止しようとする取り組みである。行動研究から導き出されたエビデンスは、禁止政策案の根拠として用いられたのだが、結果的には、この規制のメリットとデメリットの両側面における激しい議論につながった。「社会規範」「自制心」「デフォルトの力」「一人前の分量の認識」に関する行動研究は、この取り組みの根拠として用いられ、

それに対して、「代替」「潜在的選択肢」「強要への対応」に関する研究は、この取り組みを反対する根拠とされた。ニューヨーク市によるこの取り組みは、2012年5月に公表されたが、本書執筆時点において、法的な異議申し立てによって施行されていない。

　炭酸飲料禁止案は、政策立案者がナッジの理念と対照的な規制政策案において行動研究を用いた例であることは指摘に値する。実際、何人かの研究者の主張では、肥満との戦いは、利用できる研究により政策が真に効果を有すべきであるならば、ナッジよりも厳格な介入が必要であることが示唆されている (House of Lords Science and Technology Committee, 2011)。利用できる行動研究がそのような命題の根拠となることは、上記の実証的分析や規範的分析の区別に従えば、明らかにありうることである。肥満に関しては、この点は学術会および政策立案コミュニティの両者において、争いが多いままである。

　最後に、2013年夏、米国連邦政府は、連邦政府版UKBITの職員として研究者を雇用し始めた。この新しいイニシアティブの目的として掲げられているのは、以下のことである。

　　可能な限り、無作為化比較試験により、行動的介入を厳しく評価すること。(US government, 2013)

第2節　英国

　ビヘイビア・インサイト・チーム (UKBIT) は、2010年に英国内閣府内の中心に設置されたにもかかわらず、行政命令や指導のトップダウン型の発布者としてではなく、むしろ内部的な公共部門コンサルタントとしての

業務を行うために組成された。したがって、その業務は、米国の政策立案に対する行動経済学の影響と対照をなすものである。UKBITによる介入は、地方レベルでの政策試験の調整を含む政府省庁、各部局、および民間部門との協働により開発されてきた。2つの詳細な例をコラム3に記載した。UKBITは現在、類似のイニシアティブをいくつか確立するためにオーストラリア政府を支援している。しかし、2013年5月に内閣府はUKBITを「スピンアウト(spin out)」した。すなわち商業パートナーとの営利ベンチャーとすることを公表した。本書執筆時点では、この進展によりUKBITの業務が変更されるのか、どのように変更されるのかは不明である。掲げられた意図は、UKBITが内閣府を通じて英国政府のために業務を行い続けるとともに、「公的な良き精神(public good ethos)」を有する公的および私的団体からの国際的な要求を満たすことである。

コラム3　英国ビヘイビア・インサイト・チーム(UKBIT)により設計された介入の2つの事例

罰金回収

　英国裁判所から科された罰金を当局が回収しようとはしているものの、それが進まなければ、結果的に多額の国家支出となってしまう。ビヘイビア・インサイト・チーム(UKBIT)は、女王陛下裁判所および仲裁廷庁(Her Majesty's Courts and Tribunal Service: HMCTS)とともに、返済率を改善するために行動情報を活用してこの問題に取り組んだ。

　行動経済学の知見によれば、負担は小さいが即時に発生してしまう費用、努力、金銭などに対して、人々は短期的な損失を回避しようとし、長期的には合理的とはいえない行動をとってしまう傾向がある(第4章第2節参照)。このエビデンスでは、罰金の支払い義務を負った一部の者は、遅滞または不払いに対する課税金や、債権回のために派遣される執行官の費用

が加算されることを避けるためには、速やかに罰金を支払う方が合理的であるにもかかわらず、支払いを意図的に先延ばししてしまうことが示唆されている。HMCTSは、最初にこの情報を利用して、多数の方法によって人々の支払いをより簡便なものにしたとともに、文面および電話によって催促を行うことにより罰金回収率を改善させた。

その他の行動研究の結果では、個人を特定した連絡にすることにより、個人がそれに応える可能性が高まることを示唆している (Garner, 2005)。UKBITは、その研究の知見を政策に応用できるかを実証するために、罰金納付不履行者に対する個人宛連絡の効果測定を無作為化比較試験 (Randomised Controlled Trial: RCT) により実施した。その実験の結果では、個人宛のメッセージの方がより効果的であることが明らかにされた (Behavioural Insights Team, 2012a)。

したがって、これは行動経済学が、新規の、またはより厳しい規制を必要とせずに政策の実効性を改善するのに使用された事例である。

ロフトクリアランス制度

英国の多数の家庭が自宅の断熱効果を改善することにより、長期的な利益を得るとともに、それにより炭素ガス放出の削減にもつながる。UKBITは、家庭が優良な断熱設備を設置することを奨励するための数多くの方法を考案するために、行動科学を使用した一連の試験を組織した。

行動経済学の研究によれば、克服すべき主な問題点は、何年後かに得ることができる利益に対して、世帯主は即時的に生じる費用を不均衡なまでに重視する可能性が高いことである。他のエビデンスでは、世帯主は即時費用の金額については確実に知ることができる一方、将来の利益についてはより不確実であり、そのことにより断熱効果を改善するかを検討する場合に将来の利益を差し引いて考える程度が高くなることが示唆されている。関連性を有する別の洞察は、人々は決定について不確かな場合、周囲の者の決定にならう傾向にあることが指摘されている。

地方当局および小売業者と協力して実施されたUKBITの試験では、断

熱効果改善の実行を高めるために、以下の4つの行動統制群を設計し、テストした。それらは、前払いの報酬（クーポン券、地方税の1か月免除）、周辺住民を断熱効果改善に参加させた場合の割引、補助金付きロフトクリアランス、および断熱効果改善に追加的に家庭を参加させた場合の共同体からの報酬である。
　これらの制度のいずれかが家主の決定に対して最も強力な影響を与えるかを特定することは、得られたエビデンスだけでは極めて困難である。完全な比較結果はまだ未公表となっている。しかし、この実験から得られた予想外の発見は、補助金付きロフトクリアランスの効果がロフトの断熱設備を設置する確率が4倍に高まることであり、極めて影響が強いことが明らかとなった。これは、仮説を政策的に検討するために実験したという意味において、政策立案に帰納的科学アプローチが組み入れられた顕著な例である。

　健康政策に関するUKBITの取り組みの大半は、公衆衛生に関わるものである。イニシアティブには、以下が含まれる。臓器提供のデフォルト選択肢の変更、調理済み食品の塩分成分の段階的（したがって、消費者は大抵気づかない）削減についての自主協定の交渉、ならびに喫煙およびアルコール摂取量を削減するためのいくつかの戦略の試験である。UKBITはまた、正確性を改善するための院内処方カルテのデザインの変更および予約日に来院しない患者数を削減するための患者との異なる連絡形式の実験等、英国国民保健サービス（UK's National Health Service）の業績改善を目標としたいくつかの行動情報を活用した介入試験を実施した。

　UKBITはまた、現在様々な実施段階にある政策に多数の行動情報を組み入れた英国ビジネスイノベーション技能省の新消費者政策戦略（Department of Business, Innovation and Skills, 2011）に貢献した。新政策の大半は、2つの行動研究分野のいずれか1つを利用した。2つとは、情報のフレーミン

グおよび収斂行動である。

　フレーミング（framing）に関しては、行動研究結果では、行動主体は、異なる方法でフレームされた情報を提示された場合に異なる決定を行うことが繰り返し示された。特に、情報を単純化することにより、特定の決定を行おうとする決定者の決定を変化させることができる（Iyengar and Kamenica, 2010）。英国消費者政策案は、一定の市場における消費者に対する情報の提供を単純化し、標準化することを目的としている。問題となった当初の規制政策分野は、クレジットカード、エネルギー料金、エネルギー性能証明、食品衛生格付け、自動車ラベルである。研究にはまた、健康および環境に関する製品情報を伝達する、より実効的な方法を特定するために資金が供与されている。米国の例と同様に、英国はまた「マイデータ（MyData）」イニシアティブを導入しようとしている。これらの類型の政策は、消費者による決定に資する情報開示形式を特定するための初期研究に資金を供与する必要性、ならびに情報開示標準を義務付ける規制および／または自主協定を事業者が遵守する必要性の両者において費用を生じさせる。論理は、これらの費用はより良い消費者決定という意味での報酬に比して相対的に小さいとしている。

　「収斂行動（behavioural convergence）」とは、決定者は他者の決定に左右されるという、現在はよく確証されている行動現象の包括的用語である（Rafaat et al., 2009）。類似の現象には、群集行動、情報カスケード、バンドワゴン効果が含まれる。英国の消費者政策は、消費者フィードバックおよびオンライン比較ウェブサイトの規制、公共サービスについての類似の「選択ツール（choicetools）」の提供、苦情データの開示を通じてこの傾向が消費者の利益となることを目指している。

　UKBITのもう1つの顕著な活動分野は、税制上のコンプライアンスである。UKBITは、税務当局と協働して、一連の無作為化比較試験

(Randomised Controlled Trials: RCT)を利用して、納税しない者に対する連絡方法について行動情報を基にし、異なる形式の影響を探求した。これらのRCTのいくつかにより、広く導入されれば多大な金額の税収の回復および強制執行費用の節約となる可能性のある、異なる類型の連絡方法の明確で重大な統計上の効果が示された。UKBITは、類似のアプローチを罰金不払者にも適用した（コラム3）。

UKBITが介入試験を実施したその他の分野としては、省エネルギーの分野があり、ここでは複数の介入試験によりいくつかの驚くべき結果が示された（コラム3）。このことにより、政策設計に経験的アプローチを採用することの利益が明白に示された。UKBITはまた、雇用活性化および慈善的寄付の分野においても介入試験を実施した。より広く言えば、UKBITは政策設計に経験的アプローチの使用を広めることを目指している（詳細についてはBehavioural Insights Team, 2011, 2012a, 2012b参照）。

UKBITの設置前にも、行動経済学は消費者および競争法の執行の責任を負う英国公正取引庁（UK's Office of Fair Trading: OFT）の業務において、すでに強い特色となっていた。OFTは、政策にとって利益となる具体的な問題を扱うために設計された独自の実験業務を含む固有の行動研究プロジェクトの委託および実施において卓越していた（第5章参照）。米国におけるCFPBの設置と同様に、英国も2013年に新しい金融サービスについての新しい規制機関である金融行動監視機構（Financial Conduct Authority: FCA）を創設した。FCAは、行動経済学者を募集し、行動経済学をその業務において使用することを明示的な目的として掲げた。FCA職員の著作にかかる最近の報告（Erta *et al.*, 2013）では、行動経済学はFCAが政策規則および指針を作成し、企業の行動を分析し、執行事例についてのエビデンスを構築し、消費者との連絡を規制するための方法に対して潜在的な含意を有するという結論が示されている。

第3章　政策に対する行動経済学の広がり続ける影響

第3節　欧州委員会

　欧州委員会は、当初SANCO総局（健康および消費者担当局：Directorate-General for Health and Consumers）の業務において、そして後には行動経済学タスクフォースを設置中の共同研究センター（Joint Research Centre: JRC）の業務において行動経済学を援用してきた。Van Bavel *et al.*（2013）は、欧州連合の政策立案における行動経済学の拡大し続ける影響に関する最新事例の説明および政策分野において行動研究を実施するための情報を提供している。

　2008年に提案され、本書執筆時点では欧州連合（EU）加盟国において国内法化されている過程の消費者権利指令（Consumer Rights Directive）には、行動研究から直接情報を得た2つの消費者保護規定が含まれている。最初の規定では、デフォルトの設定が消費者による決定に有し得る強力な影響を明らかにした行動研究結果に基づき、契約時における事前にチェックの入ったボックスの使用が限定されている（コラム1参照）。2番目の規定では、消費者が考えを変更できる期間である契約合意後のクーリングオフ期間が導入されている。この規制は、人の合理的でなく一貫性のない選好、決定に対する雰囲気の影響、および販売技法に対する消費者の反応に関する行動研究から情報を得ている。

　欧州単一市場（European Single Market）を支える規制は、委員会の主要な機能であり、委員会は規制設計についての具体的な研究問題を扱うために行動研究の利用を近年増加させてきた。それらの最初のものには、消費者がどのように小売投資商品間の選択を行うのか、およびどのように財務アドバイスに影響されるのかを探求するための一連の実験に資金を提供

することが含まれた (European Commission, 2010)。このプロジェクトの目的は、より良い金融規制の設計に情報を与えることであり、扱われた研究課題はこの目的に資する潜在性に対して特に選択したものであった。この最初の研究以来、委員会は以下を含む異なる市場での消費者問題に関する多くの同様の目標を持った行動研究プロジェクトを実施した。含まれたものは、旅行パッケージに関する消費者の権利、煙草のラベリングおよび包装、自動車における二酸化炭素ラベリング、食品情報、エネルギーラベリング、オンラインギャンブル、銀行手数料の透明性、国際クレジットカードの使用における欧州販売法および手数料であった。JRCは現在、肥満、身体活動、がん検査の分野におけるEU公衆衛生政策に関する研究を含め、行動研究の使用を拡大させている。これらの場合、政策に対する行動経済学の適用は、当該政策の文脈に特有な行動のエビデンスを収集する初期の段階にあるが、具体的な適用が続く可能性が高いようである。

　上記の例に加えて、欧州委員会は、マイクロソフト社に対してとられた著名な競争法事案において行動経済学を利用した。マイクロソフト社のオペレーティングシステムとウェブブラウザとのバンドリングに関するこの事案で選択された救済方法は、オペレーティングシステムを購入する消費者が、デフォルトのブラウザに自然と惹き付けられるのではなく、むしろそれぞれが使用したいブラウザがいずれかなのかに関して能動的な決定を行うようにすることであった。

第4節　他の諸国

　異論はあるかもしれないが、米国や英国が政策に対する行動経済学の適用を開拓したと言えるが、その他の国においても重要で革新的な適用例が

第3章　政策に対する行動経済学の広がり続ける影響

多数存在する。一定の行動情報を活用した政策は、現在国際的に広がっている。いくつかの国においては、行動に基づく考え方が機関により採用されており、行動に基づく考え方を擁護するために特別に設置された機関さえ存在する。いつくもの政府が、政策立案者の間、おそらく最も有名なのは経済規制当局の間に関連する行動研究結果についての知識を広めるための努力を行った。本節では、これらの展開を概説する。

多数の国において行動経済学が適用された政策分野の1つに、年金政策の分野があげられ、この分野においては、経験的エビデンスが明確であり証明可能である。ファイナンス上の強い誘因が存在するにもかかわらず、多くの労働者は退職後のために十分に貯蓄していない。それは多くの場合労働者自身の年金への加入意思に起因するが、これらの者の決定は年金制度の利用可能な選択肢をどのように構成するかにより劇的に変化させることができる。年金適用範囲および保険加入率は、デフォルトにより制度への加入選択が必要となるか、非加入選択が必要となるか、さらに労働者が後日増額する保険料を事前納入する機会を与えらえるかにより影響される（例えば、Madrian and Shea, 2001、Thaler and Benartzi, 2004）。これらの研究結果およびその後の研究結果は、米国、ニュージーランド、オーストラリア、イタリア、英国を含む多数の国における年金改革を行う上での情報となった。

具体的な行動研究の結果が多数の国にわたって特定の政策分野に対して比較的早急に影響を与えたパターンが、年金政策についてのみ当てはまるわけではない。別の例としては、衝動買いにおける顕著性の影響として、煙草のマーケティングにさらされることの行動への影響に関する経験的なエビデンスを基にした、煙草の陳列禁止があげられる（例えば、Department of Health, 2008）。禁止は現在、オーストラリア、カナダ、フィンランド、アイスランド、アイルランド、ニュージーランド、ノルウェー、

英国で導入されている。当局からの連絡の性質により税制上のコンプライアンスがどのように増加するかに関する上記の成果(例えば、Behavioural Insights Team, 2012a)もまた、国際的に普及している。多くの場合RCTが使用されるこのような税制上のコンプライアンスに対する実験的アプローチは、現在では米国、英国、スウェーデン、オーストラリア、イスラエルにおいて実施されている。

多数の国おいて、主要な機関または組織が政策改善における行動経済学の潜在的可能性に対する政策立案者の注意を喚起するとともに、それらの者に警告することを目的としたプロセスを主導している。本書において簡潔に説明されている著名な事例は、オーストラリア、フランス、デンマーク、ノルウェーの例である。

オーストラリアの研究・諮問団体である生産性委員会(Productivity Commission)は、行動に基づく考え方を公共政策全般(Productivity Commission, 2008a)に適用することを目的とした複数のイベントを開催するとともに多くの報告書を作成しており、これには、消費者政策への影響(Productivity Commission, 2008b)、ギャンブル行動と政策の広範な行動分析(Productivity Commission, 2010)などの特定の分野が含まれている。財政規制緩和省(Department of Finance and Deregulation, 2012)もまた、近年、規制政策のために行動経済学により提供された情報についての固有の説明を公表し、行動経済学の適用はいまだ広く普及していないが、「その前進は、さらに探求されることが促されている」(p.56)と結論づけている。

フランスでは、首相府(office of the Prime Minister)の監督直下にある戦略的分析センター(Centre d'analyse stratégique)が、自国政府のために(近年の組織再編まで)同様の役割を果たしていた。同センターは、環境および公衆衛生政策における行動科学の適用に関する研究に注力した。同センターの報告では、喫煙および肥満の削減(Centre d'analyse stratégique, 2010)、ならびに資源再使用、省エネルギー、ごみの投げ捨て防止など、より環境的に責任を持った行動を促進するために、行動科学を適用した政策オプションを開発したことを報告している (Centre d'analyse stratégique, 2011)。

　行動情報を活用した政策設計が政府部門、部局または研究機関により促進されるモデルとは対照的に、デンマークおよびノルウェーの両国においては、よりボトムアップ型の行動経済学の適用を促進する政府外部の活発な組織が存在する。デンマークには、意思決定を改善することに専念する非営利組織である「iNudgeYou」という組織が存在する。この組織は、公共部門および民間部門のパートナーのネットワークを構築し、選択を限定せずに望ましい行動変容を達成するための実効的な介入に関する知識を普及させることを意図した小規模実験、ならびにミクロの介入および訓練に従事している。言い換えれば、同組織は、多数の公共政策問題の解決策として、行動経済学——「ナッジ」——の1つの特別な使用法を促進している。ノルウェーでは、「GreeNudge」が類似の政策理念を有し、その業務は、ゴミを削減し、エネルギー効率を改善するための政策および民間部門のイニシアティブのような、気候の変化に影響を与える政策に集中しており、同様にボトムアップ型の運営が行われている (例えば、Kalbekken *et al.*, 2013)。

　上記の例の大半は、包括的な政策手段——例えば、米国のOIRA大統領令 (OIRA Executive Orders in the United States) ——または専門的政策部門、部局、もしくは非政府組織により推進された政策に対する行動経済学の適用のエビデンスとなるものである。それぞれの場合、行動情報を基にした考え方の促進は、特定の機関または個人のグループについて特定されている。行動経済学を政策に適用するためのこれらの「明示的」な仕組みは、行動経済学についての理解がより広く一定範囲の公共部門内の機関にわたる政策立案者の間に広がる、より「暗示的」な仕組みと対照できるかもし

れない。行動に基づくアイディアを政策分野全体に適用しようとする専門の知識を有する個人のグループの代わりに、これらの分野における政策立案者が行動に基づく考え方を吸収し、適用することができる可能性がある。

過去5年間において、多くの政府が行動経済学の主要な研究結果についての情報を公務員に与え、それぞれの政策分野に対してその情報がどのように適用できるかをそれぞれが検討することの奨励を意図した会議と訓練ワークショップを主催し、または研究報告を依頼し、普及させた。当該イニシアティブは、少なくとも以下の国においてとられた。それらの国とは、オーストラリア、デンマーク、フランス、アイルランド、ニュージーランド、ノルウェー、スウェーデン、英国、米国である。欧州委員会もまた、政策分野に対する行動経済学の適用に関する国際的催し物を主催した。これらのイニシアティブの中には、公共政策の全体にわたって行動経済学の使用可能性を検討したものがあった一方、規制政策、多くの場合消費者政策や競争政策に焦点を合わせたものもあった。

第1章において言及したように、行動経済学のより暗示的な影響の重要性および行動に基づく考え方が特に政策立案者の間に普及している度合いは、過小評価されるおそれがある。北欧諸国での発展は、この点に関して特に興味深い。これらの諸国においては、政策に対する行動経済学の明示的適用は米国または英国ほど顕著でないが、特にデンマークおよびスウェーデンの政策立案者や研究者は、行動経済学の含意は従来の統制モデルと整合性を有することから、行動経済学は急速に影響力を増しているという見解を示している。特に、北欧諸国の政府には、その他の大半の先進国よりも政府は個人による経済上の決定に関与することに意欲的であるという意味で、より家父長的な政策立案の歴史がある。北欧諸国の国民もまた、国際的基準によれば相当高く政府に信頼を置いている。

スウェーデンにおいて、直感的な行動思考が従前の政策のイニシアティ

第3章　政策に対する行動経済学の広がり続ける影響

ブの基礎となったいくつかの有名な歴史的事例がある。これらは、若年労働者の貯蓄を支援するために、雇用主による自動的掛金、払戻しおよび抽選形式のインセンティブの制限などを採用した数十年来の制度を含んでおり、これら3つの現代科学の研究結果に基づいた行動経済学による設計、すなわちデフォルト、時間割引、低い確率で起きることの過大評価などの方策がとられていた。同様に、退職後の貯蓄に対する注意を高めるために、1999年以降、政府は個人別の予測をすべて記載した年金明細を入れた明るいオレンジ色の封筒をすべての納税者に送付している（顕著性に関する第4章第3節参照）。

　北欧諸国の政策立案者の間で、特に経済規制分野において、行動に基づくアイディアの採用の兆候が存在する。デンマークでは、デンマーク競争消費者庁（Danish Competition and Consumer Agency）、デンマーク事業者団体（Danish Business Association）、デンマーク税務当局（Danish Tax Authorities）は、行動経済学と連動し、行動経済学をその業務に使用し始めている。例えば、デンマーク競争消費者庁は、近年、行動経済学者を雇用し、その職員のために行動経済学についての極めて広範囲な訓練を実施した。現在は、他の取り組みとして、銀行間における顧客の受け渡しの推奨および財務アドバイス規制に対する行動情報によるアプローチを提案している。スウェーデンでは、スウェーデン消費者庁（Swedish Consumer Agency）が、行動情報を含めるためにその消費者市場分析方法を修正した。同庁は、現在、携帯電話についての行動情報を活用した新しい価格規制、および携帯電話・ブロードバンド市場におけるリアルタイムのフィードバックメカニズムに関する経験的研究の開始を提案している。オランダでは、消費者市場局（Authority for Consumers and Markets）が、近年、その業務のための行動経済学の含意に関するプロジェクトを実施し、同局が規制する市場の需要側をより一層重要視している。

第5節　いずれの政策類型および政策分野か？

　全体として、行動経済学が影響力を有することが証明されている多くの事象および政策分野についての概要は、行動経済学と規制政策との間の強力な関係を示すのに十分である。Lowi（1972）の古典的な4分類政策類型論（分配政策、構成政策、再分配政策、規制政策）によれば、上記の例が規制政策に関係しない場合、それらは同一の結果を達成する代替的で、おそらく強制度がそれほど高くない方法の追求に関連することが多い。例えば、税制上のコンプライアンスを達成する方法としての納税者への連絡方法の変更、または年金制度に加入する際のデフォルトオプションの変更は、より強力な強制の費用およびその他の否定的影響を回避する試みであり、政策母体にはそれ以外の政策による、より厳しい規制で達成されるものと同一の成果をもたらすことが求められる。そうは言うものの、行動経済学がサービスのデリバリーの品質を改善するため、または貧困者が金融サービスにアクセスするのを支援するために使用される場合のように、分配政策および再分配政策の類型に合致する行動情報を活用した政策の例が上記の事例の中にいくつか存在する。それにもかかわらず、行動経済学が政策に影響を与えた本節で言及されている合計60を超える個々の事例の多くは、規制政策または規制に代わる探求のどちらかに関連する。

　また、行動経済学は規制政策の中では、特に消費者政策に関して深く浸透しているように見える。このことは、人々が家族外の者または組織との関係において行う決定の極めて多くは、消費者として行われるという単純な事実が1つには反映されている。したがって、意思決定についての理解を改善することは、消費者による選択についての理解、および上記のよう

第3章 政策に対する行動経済学の広がり続ける影響

に望ましいもしくは望ましくない結果を導く要素の理解を改善することであると言えよう。

さらに、消費者による不利益な選択は、特定の決定者にとって有害であるのみならず、潜在的には、価格に対する下方圧力および品質に対する上方圧力を確保するという競争の実効性を損なわせる恐れがあるということに対する認識が、行動経済学により明らかにされたエビデンスによって高まっている。このことから、競争および消費者保護の分野における政策立案者が、より一層多くの共通のエビデンスを見いだしている。したがって、市場構造および市場構造と企業行動との相互作用にこれまで集中的に注目していた競争政策立案者は、市場の需要側および最終的には消費者の最善の利益とならない可能性のあるシステマティックな消費者の行動を企業がどのように利用しようとしているかに対して、より大きな注意を払うようになっている。したがって、これは行動経済学の研究結果が従来型の新古典派ミクロ経済学モデルの政策の理解力を弱めている明確な例である。

行動経済学が消費者政策に最も深く浸透してきたことは、必ずしも行動経済学の他の規制政策分野にとっての含意の方が重要性が低いことを意味するものではない。健康および安全、労働市場、環境保護を含む分野に関連する規制政策の決定にも設定される。現時点では、これらの分野では研究者は行動経済学の潜在的可能性に注目させ、政策立案者の中には研究と積極的に連携しようとしている者が存在するにもかかわらず、行動経済学の研究結果は、より限定的な影響しか有していないように見える（例えば、健康および安全に関しては、Sapsford, Phythian-Adams and Apps, 2009、環境保護については、Shogren, 2012を参照）。

第4章

行動経済学と政策設計

本章では、行動経済学がどのように規制政策設計に影響を与えているかに関する一連の推定を導き出すために、より詳細に事例の選択および事案研究を検討した。行動現象の特定の下位類型が、行動経済学の初期の適用、すなわち単純化、利便性および顕著性の意思決定に対する影響の適用において強い特徴であることは注目に値する。次に本章では、規制に関連性を有するように見えるが、現時点ではそれほど強く政策策定に表れていない行動研究結果を簡潔に検討した。最後に、行動経済学の政策設計に対する影響は広がり続けていることを主張した。行動経済学は、特定の政策目標に向けて業務を行うために具体的な行動現象に対処し、またはそれらを利用することを意図した政策に加えて、政策設計の方法にも影響を与えつつある。行動に基づく業務の基礎となっている帰納的論理は、同様に帰納的なアプローチを政策にも招き寄せ、状況に特有の研究、実験、試験およびRCTをより多く使用することにつながっている。

第1節　情報と選択肢の単純化

　今日までに導入された、行動情報を活用した政策の大部分が、単純化の潜在的利益に集中している。目的は、情報の提示方法を単純化すること、またはそうでなければ利用可能な選択肢の数や複雑さを制限することのいずれかの規制を、それらの単純化はより良い意思決定を促進するという仮定に基づき設計することである。この目的は、規制自体もまた包括的で明確であるようにするという、より広い目的と共鳴するものである（OECD, 2012勧告、本書第5章も参照）。事例の多くは、消費者政策の分野のものである。規制を通じて、消費者が製品の適正を簡単に評価でき、または同一市場の製品間を簡単に比較できるようにすることを意図して、単純化し

第4章　行動経済学と政策設計

た製品説明または単純化した製品群（または両者の場合もある）を提供することを企業に義務付けることができる。すでに施行されている規制および提案中の規制の両者を含め、そのような規制が普及していることに鑑み、本書ではそれらが極めて詳細に取り扱われている。

　米国においては、OIRAは規制当局が「概要開示（summary disclosure）」と「フル開示（full disclosure）」を区別しようとした。前者は、情報の単純化および標準化を試みた販売時点での強制的開示である。目的は、消費者が自分が検討している製品の主要な属性を知り、同一市場における製品にわたってより簡単に比較を行えるようにすることである。そのような概要開示は、消費者が望む場合製品または契約のすべての関連要素を見ることができるようにオンラインで情報をフルに開示することを要求する規制により補完されることが多い。この種の規制の例には、米国において患者保護ならびに医療保険制度改革法（Affordable Care Act）が成立した後に課されている情報義務、住宅ローン、クレジットカードおよび学生ローンに関するCFPBの強制的開示案。ならびに標準化した製品ラベリングを使用した、特に食品および環境情報の分野における様々なイニシアティブが含まれる。

　消費者の選択肢を単純化する規制を導入するための英国政策立案者によるより顕著な試みが、英国のエネルギー規制当局であるOFGEMによって行われてきた。エビデンスによれば、英国エネルギー市場の規制緩和後、市場において選択可能な供給業者の選択肢が複雑になり、最適な提供業者を選択できた消費者は予想以上に少なく、不適切な選択をしてしまう消費者が発生した（OFGEM, 2011, 2012）。実際、Giulietti, Waddams Price and Waterson（2005）ならびにWilson and Waddams Price（2010）は、多くの消費者がより高額の料金契約に留まり、その大半は既存供給者との契約を維持し、さらに、供給業者を変更した者の大半は最適な取引を見極めることができず、より不利な契約に変更する少数派さえ生じたことを報告して

いる。そこで、OFGEMは当初、料表金を単純化して最適な選択を容易にするための強力な規制を提案した。すなわち、規制当局は固定料金を設定し、その上でエネルギー供給業者は単価料金についてのみ競争することとした。ニッチ市場でのサービス提供の懸念（例えば、あまりエネルギーを消費しない消費者は、低い固定料金を望むであろう）が表面化したことから、以降の提案では規制当局による固定料金の設定は撤回されたが、それでも2段階で加算される料金の禁止、各供給業者が提供できる料金表数の限定、料金節約のための計算例とともに最も安価となる料金のプランを開示することの義務化など、料金表を単純化するための比較的強度の高い規制の導入が目指された。言い換えれば、OFGEMは、供給業者による情報提供方法を強制することと、供給業者が提供する料金プランの複雑さを制限することの両者を行おうとしたと言える。

　決定者が接する情報および選択肢の単純化が決定を改善するという仮定には、「選択肢過多（choice overload）」現象についての経験的エビデンスに支えられている部分がある。Iyengar and Lepper（2000）をはじめとして、決定者が多数または複雑な選択肢に直面した場合、そのことは意思決定に悪影響を与えることを示唆するエビデンスが蓄積されてきた。このようなことは、決定者が認識した情報自体の複雑さに反応すると思われることから生じる可能性がある。2種のマイナスの結果が、文書化されてきた。それらは、2、3の選択肢よりも多くの選択肢が選択できる場合、最善の選択肢が選択されないこと、およびより複雑な決定に直面した場合に、そもそも能動的な選択を行おうとしないことである。日常消費財間の選択に関する実験に加えて、年金プランおよびローンのような金融商品についてこれらの現象の例が記録されている（例えば、Iyengar, Huberman and Jiang, 2004、Agnew and Szykman, 2005、Iyengar and Kamenica, 2010、Bertrand et al., 2010）。

スウェーデンの年金制度改革は、政策立案者が選択肢過多を回避した事例としてよく引用される。これは、何百通りにもなる選択可能な年金プランの選択において、労働者の大多数は極めて複雑な年金プランを能動的に選択するよりも、デフォルトプランが彼らの選択に寄与した事例と言えよう。

消費者が接する選択肢を単純化するために規制を用いるという、恐らくSunstein（2011）により最も強く主張された論理は、直感に訴えるものであり、特に金融サービス、保険および消費者サービス契約のような商品においては直感に訴えることが重要となる。単純化した開示もまた、消費者の間で好まれるものとなる可能性が高い。単純化および標準化した製品説明は、決定を改善する潜在的可能性を超えて、取引および乗り換え費用、特に時間および努力の点における乗り換え費用の削減を通じて市場効率性を改善するのに資するであろう。

単純化した情報の強制は、一定の科学的背景を有し直感に訴えるものであり、好まれることになる可能性はあるが、製品説明または製品揃えを単純化することを意図した規制の適用には慎重であるべき理由がいくつか存在する。選択肢過多については、議論の余地がないということは注目に値する。初期における選択肢過多の実験の中には、同一の結果を繰り返さなかったものがあり、いくつかの研究では決定を行う意欲または決定についての満足に対する複雑さの大きな影響が示されるが、一方で、同じ影響が示されない他の研究がある理由について完全には理解されていない（Scheibehenne, Greifeneder and Todd, 2010）。さらに、消費者は単純化を歓迎する可能性は高いが、義務を遵守することの費用に対する寄与、そしてそれゆえに価格への潜在的寄与に気づかない可能性もある。そのような費用は存在する可能性が高いので、利益の規模は、経験的に評価することが重要である。

実効性についてのエビデンスが奨励されない強制的な概要開示の例がい

くつか存在する。その1つとして、2004年に導入された英国における単純化した住宅ローンに関する開示が挙げられる。住宅ローン業務規定(Mortgage Conduct of Business: MCOB)は、提供製品の比較を助けるための詳細に予め定められた様式において、容易に理解できる情報を消費者に提供することを目的としていた。エビデンスでは、MCOBは事業費用を引き上げ、より高い価格につながり、消費者がより良い選択を行った場合に期待できた可能性のある価格分散は見られなかったことが示唆された(Monteiro and Zaidi, 2007)。同様に、米国証券取引委員会 (US Securities and Exchange Commission's)のミューチュアルファンドについての「要約目論見書(Summary Prospectus)」の有益性は、比較対照試験の要約により、投資家のより高額の手数料のファンドの選択を防止しなかったことが明らかになったことから疑問視されるようになった (Beshears et al., 2010)。他方、米国マサチューセッツ州における強制的な製品標準化の効果に関する最近の研究では、消費者に対する大幅な影響を有したこと、および消費者にとってのより良い結果につながったことが明らかになった (Marzilli Ericson and Starc, 2013)。

情報の単純化が、いつどのように決定を改善するかを理解するためには、一層多くの経験的研究が必要である。上記のような対照的な研究結果に鑑みれば、新しい開示規制が実効性について評価されることが重要である。大半の場合、具体的な形式の単純化された開示案の決定に対するその実効性を研究室内での実験、現場実験または試験のいずれかを通じて事前にテストしない理由は存在しない。この論理は、なかんずく継続中の多くの研究およびCFPBの業務の支えとなっている。

従前の研究から暗示的に導き出される1つの可能性は、小売金融サービスのような複雑な市場における選択肢は、消費者行動に対する信頼性ある効果を測定できるようになるためには、単に簡単であるだけでなく、極め

第4章　行動経済学と政策設計

て大幅に単純化しなければならないということである。欧州委員会が実施した実験的研究（European Commission, 2010）では、小売投資商品に関する単純化された情報を消費者が選択することに対して有益な影響が示されたが、実験において使用された選択肢は、現実の市場で消費者が接する選択肢のいずれと比較しても非現実的に単純であったと主張することのできるものであった。

　Thaler and Sunstein（2008）は、サービスを提供する企業から個々の消費者の特定の時間消費量とトランザクションデータを集め、市場における消費者の選択の複雑さを低減する新たな方法を提案した。そのアイディアとは、消費者から要求があった場合に、標準化された電子的様式において履歴データを提供することを企業に強制することである。例えば、電気通信会社には、全期間中の消費者による利用量に関する標準化されたデータを提供することを強制できるようにすることである。それらのデータは、アップロードし、価格比較を行いまたは特定の消費者の利用パターンによく適した取引を探索することを意図したソフトウェアにより分析することが可能である。実際、そのような開示システムにより、消費者はそれぞれの現行の契約が他の契約との比較でどのようであるかを確認し、最善の取引を見極め、または少なくとも選択肢のセットを取扱可能な数量に削減することができるようになる可能性がある。

　このアイディアに基づくイニシアティブがいつくか近時開始され、「MyData」（または英国においては「Midata」）と名づけられた。米国エネルギー省（US Department of Energy）および英国ビジネス・イノベーション・技能省（UK Department of Business Innovation and Skills）は、MyDataスキームを導入するために関連事業部門が自主的に同意することを求めている。しかし後者には、2013年に英国政府により要求があった場合のデータ提供を会社に強制する規制を導入する権限が与えられた。英国における

焦点は、エネルギー、携帯電話、当座口座、クレジットカードの4つの市場にある。標準化された個人の消費および取引データに対する消費者の類似の権利は、新しいEUデータ保護指令（EU Data Protection Regulations）の現行草案にも規定されている。

　MyDataイニシアティブは現在、サービスの継続的な提供のために消費者が契約に署名する市場に集中している。その前提は、いくつかの市場においては、最も洗練された消費者でさえも、それぞれの要件に最善の取引を見極めるための十分な時間を有するには多すぎる選択可能な契約プランが提供されていることである。したがって、自動的に受け取る製品情報および価格の比較が消費者の選択を単純化する1つの形式となり、そのことにより消費者は、少なくともそれぞれの選択肢の数を削減し、または明確に不利な取引を排除することができる。現段階では、そのような政策の利益および関連分野の事業者に対して課される潜在的費用の規模は不明である。また、MyDataイニシアティブは、いくつかのタイプの消費者にとって、他の消費者よりも有益な効果を有する可能性が高い。これは、消費者の選択の単純化が目的であるが、彼らにはデータの利用方法を理解し、コンピュータファイルを取り扱うための基本的水準の能力が必要となる。

　全体的に言えば、エビデンスから情報を得た政策の観点からは、選択肢の単純化を意図した規制に関する1つの一般的な傾向が存在するように見える。多数の市場において、選択の複雑さは決定に対して重大な悪影響を有し得ることを示すエビデンスが存在する。しかし、問題となる特定の選択肢の単純化を意図した規制上の介入の成功またはその他の結果の可能性を示すエビデンスは、より少ないことが多い。それゆえに多くの場合、単純化は選択分野にわたって結果を一般化すれば良い原則のように見えるが、単純化の特定の試みは根拠となるエビデンスに欠けることが多い。したがって、行動経済学は選択の複雑さを批判し、消費者に対する悪影響があ

第4章　行動経済学と政策設計

る場合を特定するために規制当局を支援しているが、規制の費用を正当化するためには、特定の介入の結果のより経験的な調査および評価が必要である。

第2節　デフォルトと利便性

　前節の単純化の例は、主に選択肢セットの複雑さに関係する。すなわち、いくつの選択肢が存在するのか、およびそれらを比較するのがどの程度簡単であるかである。行動経済学によるエビデンスによれば、決定過程も関係することが示唆されている。

　このことが最も明確に表れるのは、デフォルトの力である。決定者は、デフォルトの変更により大部分の決定を変えさせることが可能なように、過度にデフォルトオプションに惹き付けられる。その結果、規制政策にデフォルトオプションを決定する権限が存在する場合、当該政策はまた、決定を定める重大な潜在的力をも有する。

　上述のように、これらの研究結果は、いくつかの政府が年金制度をオプトイン方式ではなくオプトアウト方式で提供することを誘因または強制しているように、年金政策にかかる規則に対してすでに国際的に影響を与えている。自動的年金加入は、古典的なナッジとなってきた。すなわち、他の選択肢を否定せずに決定を望ましい方向に変更させる主要な財務上の決定にかかる選択肢構成の変更である。おそらく、これまでで最も有益な事例研究は、自動的加入を主な特徴とするニュージーランドにおける「KiwiSaver」の導入である。2007年におけるその導入後の4年間で、年金制度加入率は、約50％上昇した。いくつかの追加的な補助金もまたこの新制度とともに導入されたので、この上昇のすべてが純粋にデフォルト設

69

定の変更に帰するものではない。それにもかかわらず、この上昇は当初印象的であった。しかし、KiwiSaverは他の手段を通じて貯蓄額を減少させており、自動加入制度はその他の関連する副作用を有してしまう恐れがあることについて、いくつかのエビデンスが存在する。最も顕著なのは、デフォルトにより制度に加入させられる者の大部分が、比較的低水準に設定されている可能性のあるデフォルトプランおよび保険料率を選択することである。より詳細な説明については、OECD（2013a）を参照。

　大半の先進諸国では、強制的な2段階年金制度が採用されている。デフォルトの力および自動加入が加入率を改善することに明らかに成功しているにもかかわらず、時間割引に関する行動のエビデンスは、この政策分野のより重大な問題である可能性がある。個人は、将来の出費よりも現在の出費を優先させる傾向があり、多くの者はその結果として退職時の消費力の減少を被ることになる。政策立案が、この形式を変更させるためにナッジを活用することが適切だと判断する場合、ナッジがそのために十分であるかは不明である。より強制的な貯蓄の方が、より見込みのある選択肢である可能性がある（OECD, 2013a）。

　それにもかかわらず、行動経済学は近時改革されたオーストラリアの年金制度のように、強制的貯蓄制度において顕著な特徴となっている。当該改革は、その設計者の用語で言えば、「行動経済学における現代的な考え方の採用」（Cooper et al., 2010, p.9）である。オーストラリアでは、低所得基準を超える場合、老齢退職手当に掛金を支払うことが強制されているが、新規の規制は、それぞれの基金がどのように投資されるのかに関しては検討しない。したがって能動的な決定を行わない労働者に向けた「MySuper」と呼ばれるデフォルトファンドが設定された。MySuper基金は、多数の提供者により提供されているが厳しく規制されており、規制の目的は安全な投資基準を確保し、過度に高額な料金を課することを防止することであ

る。大半のオーストラリア人は、デフォルトファンドに留まり続けているが、年金に関してより能動的な決定を行いたい者は、自由にそのような決定を行うことができる。

　デフォルトの力に関する研究が政策設計に貢献した別の分野として臓器提供がある。2011年、英国は運転免許付与にかかる規制を変更し、現在、運転免許申請を行う者は臓器提供者となるかに関して能動的な選択を行うことが強制されている。すなわち、デフォルトの選択肢はなく、申請者は申請時に様式上のいずれか1つのボックスにチェックを入れなければならない。この政策に情報を与えた行動のエビデンスでは、臓器提供者になることが、オプトインではなくオプトアウトにより決定される場合、提供率は劇的に高くなることが示されている（Johnson and Goldstein, 2003）。

　米国においては、OIRAは政策目標を達成するための規制上のデフォルトをどのように設定するかの問題を検討することをすべての連邦機関に指示したが、政策設計における重要な問題点は適切なデフォルトの決定が困難なことである。年金プランや臓器提供の場合、それぞれ年金支払率および臓器提供率を引き上げる必要性が存在することについては広く意見が一致している。さらに、人が能動的な選択を行うことを強制される場合、意思決定はオプトイン率よりもオプトアウト率により近くなる（Carroll *et al*., 2009）。また、他の政策分野、例えば、政府への支払いまたは受け取りの方法、学校選択、関係破壊後の責任などにおいては、デフォルトは、より多くの物議を醸すかもしれない。能動的な選択を強制することは、決定者に良い選択を行う資源または能力が欠ける場合、適切でない可能性があり、そのような者はデフォルトオプションの容易さを歓迎するかもしれない。しかし一般論としては、適切なデフォルトを決定するには、決定者は情報を得て選択を行うことができるか、情報を得て選択を行う者の実際の決定と情報を得て行う決定の不均一性を考慮に入れた比較衡量が必要であ

る。良きデフォルト設定を行うことは、個人がその選好において大幅に異なる可能性が高い場合はより困難である。場合によっては、個人的特徴に基づき異なる者について異なるデフォルト設定を行うことが可能かもしれない。

デフォルトがこれほどまでに強力であることが完全には理解されていないことから、良い政策設計をすることは困難になる。複数の要素が合わさって関係する可能性が高いからである。デフォルトオプションは、当局がデフォルトとすることを決定したものが何であれ、それにより肯定されていると認識されること、すなわち、それらはアドバイスの一形式として扱われることから選択される可能性がある。または、デフォルトは他の者が行った選択としての合図として機能し、収斂行動を通じて人々をデフォルトに惹き付けることになる可能性がある。その他の場合は、デフォルトはそれに人々が張り付くほどに人々を惹き付けない可能性がある。惹き付ける力のあるデフォルトには先延ばし、または惰性、すなわち人々は決定を行わない、および／またはそれに関して行為しないことが生じる可能性がある。最後に、デフォルトは他の選択肢をそれと比較して判断するための心理的な参考値として機能するであろう。これらの4つの可能な説明のそれぞれが、どのような質の意思決定が行われる可能性が高いかについて異なる含意を有することから、いずれが行動を動かしているかを理解することは、政策設計に重要となるであろう。この見解は、政策設計には選択に関する特有の研究からの情報が必要となることを意味する。

規制当局は、例えば顧客が契約する際に能動的にオプトアウトしない限りデフォルトのまま契約されてしまう場合のような、消費者の選択に負の影響を与えたり、または消費者にオプション商品を追加的に購入させるために設定されたデフォルトなど、企業によるデフォルト設定が消費者の不利益になっていないかについても注意する必要があるだろう。オンライン

第4章　行動経済学と政策設計

購入を行う場合に、顧客に製品を購入させるために（チェックボックスにあらかじめチェックを入れておくなどの）デフォルトを設定することは、すでにEU消費者権利指令に規定されている新しい規制に規定されている（コラム1）。

　デフォルトの力に密接に関係しているのは、利便性の効果である。選択肢を選ぶのに伴う過程における利便性は、当該選択肢が選択される可能性に対して不釣合いな影響を有する可能性がある。すなわち、個人は行使するのがより容易な選択肢に惹き付けられるようである。このことは、行動科学を通じて政策設計に情報を与えようとする一連の試みによる、重要な一般化である。簡単になり、適時に提供される選択肢は、決定者にとってより魅力的である。Tufano (2011) により実施された現場実験は良い例である。税金還付を受けた者に対して、特定の貯蓄債権を購入するための実行の簡単な選択肢が還付時に提示された場合、非常に多くの割合の者が還付金の一部を貯蓄に回すことを選択した。選択肢を便利にする当局または組織にとっての含意は、選択肢が人気のある選択であり、または推奨される選択肢であるかもしれないということであるので、このような利便性効果は直ちに生じる取引費用の削減を超える理由から生じている可能性がある。

　そのような「利便性効果 (convenience effects)」が観察される規制は、利便性がとられる可能性の高い行動の信頼性ある合図であることを示唆するものであり、良き政策設計において検討される必要がある。したがって、コンプライアンスのような特定の行動を誘因することが規制の目的である場合、望ましい選択肢を可能な限り便利にすれば、より実効的である可能性が高い。

　小さな障害が大きな影響を持つ場合がある。Bettinger *et al.* (2009) の研究では、米国における、低所得から中所得層の家庭の若者の大学進学率を高めるための実践研究として、当該所得層の若者に対して必要な入学様式

の記入の支援の有無による彼らの進学率の差異を無作為化比較試験により実施した。この研究は、連邦学生支援無償申請（Free Application for Federal Student Aid: FAFSA）様式の記入をより簡単なものに変更するためのエビデンスとなった。

　このような小さな事象が、長期的展望への決定に影響を与え得ることは、一見不思議に見えるかもしれない。長期的結果の相対的な費用と利益は、短期的な過程に伴う明らかに少額の費用よりも過度に大きいものになるであろう。この場合にも、意思決定に対する利便性のこのような影響の正確な理由を理解することが政策に資すると言える。デフォルトオプションの場合と同様に、個人は、推奨されるまたは人気のある選択肢を示す合図として選択しやすくされた選択肢を扱う可能性がある。この問題を理解する別の方法は、利便性のより低い当該選択肢が不釣合いなほどに不快な思いをさせる理由を検討することである。多くの場合、不便さの短期的費用は即時のものであり、確かな重大さを有しても、その後に続くとされる利益は遠い将来においてしか実現されず、より不確かな重大さでしかない。多数の研究において、人々は将来を大幅に割り引いて考え、同等の利益の方よりも損失の方に反応することが多いことが明らかになっている（検討については、それぞれFrederick, Loewenstein and O'Donohue, 2002およびRick, 2012を参照）。

第３節　顕著性と注意

　意思決定者は、彼らの目の前に提示された任意のオプションの関連した属性に対して、限定的にしか注意を払うことができない。意思決定やオプションのより顕著な特徴は、同様に重要だが、それほど顕著でない特徴に

勝る可能性があることを示すエビデンスも存在する。行動経済学がより正式に顕著性の効果を研究する遥か前から、多くの規制が顕著性の重要性についての直感的な理解を踏まえて設計されたということができるかもしれない。顕著性を高めようとする規制上の試みの簡単な例は、包装もしくは開示について強制することができる消費者に対する警告、または不遵守に対する罰則の強調である。

顕著性の選択に影響を与える潜在的な力は、価格の異なる構成要素の顕著性が操作されている取引の結果（消費した金銭および利用可能な品目）であり、それは行動研究によって強調されている。例としては、オンラインオークションにおける購入者の支払意思は、輸送費の金額の割合が影響していることを発見したHossain and Morgan（2006）の研究や、酒税額が値札に顕著に表示された場合の方が、同額の酒税が会計時に課される場合よりも、アルコールを購入する者が減少することを示したChetty, Looney and Kroft（2009）の研究が含まれる。不利益な決定は、特定の顕著な特徴を重視しすぎること、または重要だが顕著でない特徴を十分重視しないこと、すなわち「不注意（inattention）」と称されることのいずれかから生じる可能性がある。

これらの研究結果は、価格弾力性に対する伝統的な経済アプローチの明確な制限を強調するものであることから、規制政策設計にとって重要である。研究結果により、弾力性は、価格変更および／または価格の個別の構成要素の顕著性に強く影響されることが示唆されている。政策立案が行動に特定の変更、例えば長期的な健康に対する影響を有する製品の消費の削減または増加という変更をもたらそうとする場合、税金の顕著性は生じる結果に違いを与える可能性が高い。この見解は、価格および数量に関する市場データから計量経済学的に推定した弾力性に依存する可能性があり、標準的な費用便益分析における潜在的な税務上の変化における影響評価の

有用性を損なう可能性を秘めていることに留意すべきである。顕著な新税から生じる需要が、そのような弾力性の予測を照合する可能性は低い。これらの場合においては、政策立案者は実験または試験を行うこと、例えば税の顕著性に多様性を与える実験または試験を通じて、エビデンスを収集する方が良策であるかもしれない。

　デフォルトと利便性の場合と同様に、政策立案者は政策立案者自身が情報を伝達しようとする場合に関するのみならず、供給者が消費者と連絡を取る方法についても、顕著性の重要性を考慮する必要がある。多くの場合、政策立案者は料金、追加的価格構成要素および違約金等の製品の主要な属性に個人が払う注意が不足すること、または実績を測る期間を供給者が選択する場合の金融商品の過去の実績に関するデータのように無関係であるかもしれない特徴に注意を払いすぎることに懸念を持つ場合が多い。上記の経験的研究により、商品の総価格が一見して明確ではない場合、消費者需要を操作することが可能であることが示されている。ここで注記すべき重要な点は、市場における競争は、原則として顕著性に関する問題を悪化させる恐れがあることである。Gabaix and Laibson（2006）は、企業が一定の製品属性または構成要素を隠そうとする行為を「覆い隠し（shrouding）」と名づけた。彼らは、市場における競争により、企業が特性を覆い隠し、消費者の限定された注意を利用し、消費者、少なくとも一定の消費者に損害を生じさせる誘因が排除されるよりも、むしろどのように増長させるかを示した。

　ここにおいて特に重要なことは、価格要素が分離され、したがっていくつかの構成要素が他の構成要素よりも顕著になると考えられる分割された価格付けである。これには、購入者が購入過程を進むにつれて、例えば手数料、オプション追加料金等を追加することにより、価格に構成要素が追加される「ドリップ価格付け（drip pricing）」が含まれる。公正取引局（Office of Fair Trading, 2010a）は、実験および消費者調査を組み合わせて、研究した多くの価格広告技法のうち、ドリップ価格付けが消費者を誤導する恐れの最も高い価格広告形態であると結論付けた。これらの研究結果は、市場によっては製品の総価格を前もって開示することを供給者に強制するために規制が必要である場合があるという見解の根拠となる（Bar-Gill, 2011）。

　1つの情報の顕著性が意思決定に重大な影響を与える可能性があることに鑑み、決定を改善しようとする規制当局は、信頼性のある有益な情報を伝達することが可能となる様々な場面を注意深く検討したいと考えるであろう。例えば、通常の店舗で商品を購入するような消費者市場では、購入決定に影響を与える恐れのある要求されていない一方的な情報を、広告、包装、ラベリング、値札または会計時に与えることができる。オンライン環境では、有益な情報を提供する機会は、おそらく特定のウェブサイト上で提供される情報（またはハイパーリンク）により厳しく限定することができる。金融商品のように、購入するのに販売員との長い商談が行われる場合、書面または口頭による開示を強制することが可能である。継続的な契約と請求が行われる製品については、フィードバックまたはその他の情報を請求書に記載することを強制することが可能である。それぞれの場合において、消費者を引き付けるための限られた機会がある。類似の分析が、健康や安全のような分野における規制、労働市場規制、または課税や環境基準に関する規制のコンプライアンス等に当てはまる。それぞれの場合、関係する主要な決定者の注意を引き付け、捉えるための限られた機会がある。実効的な政策は、決定者との連絡を行うためにこれらの機会を最もうまく利用することを目標とするものとなる。

　情報の顕著性に関連する政策設計の最後の問題は、意図しない結果をもたらす可能性に関するものである。重要な情報が軽視される場合、その顕著性を高めることは、意思決定において当該情報に適切な重み付けがされ

ることではないとともに、当該情報を組み入れることにより他の情報の不適切な再重み付けをもたらすものでもない。有益な例として、欧州委員会が実施したファイナンシャルアドバイスに関する実験がある（European Commission, 2010）。実験参加者は、リテール投資商品において決定を行わなければならなかった。ファイナンシャルアドバイスを受けた者は、当初それぞれのアドバイザーとの利益相反が存在する恐れについてほとんど注意を払っていなかった。しかし、利益相反がより顕著に示された参加者は、アドバイザーの利益にもなりうるファイナンスの利益がある選択肢を自ら否定したという点において、当該情報を重視したのかもしれない。

　決定者が異なる情報を重視しすぎる、または軽視しすぎる可能性があることを認めれば、決定を漠然と改善するのではなく、決定に不足しているものを特定することの方が容易である。単純化、デフォルトおよび利便性の場合と同様に、このことは、政策の効果を測るためには、政策の対象となる状況または介入に特有の経験的エビデンスが必要となる可能性があることを意味する。

第４節　バイアスの除去と決定の質

　意思決定者がわかりやすい情報を持っている場合であっても、同等の利便性の選択肢に直面し、すべての適切な情報に注意を注いだとしても、最適とは言えない選択をしてしまう意思決定上の問題を指摘する行動研究が数多く存在する。これらの効果は、「バイアス（biases）」として特徴付けられることが多く、バイアスに影響される意思決定を改善する政策立案者による試みは、「バイアスの除去（debiasing）」をすることとして性格付けられることが多い。

第4章 行動経済学と政策設計

　簡単な例は、ガロン当たりマイル（MPG）単位で表示された燃費効率性情報を多くの消費者が処理する方法における一貫した誤りを明らかにしたLarrick and Soll（2008）の研究である。この例および関連する米国燃費効率性ラベルの再設計が、コラム1において考察されている。個人の線形的な判断を行う傾向に対処しようとする類似の事案は、複利に関するものである。財務管理能力に関するエビデンスによれば、消費者の大部分が利息が複利になることを理解していない（例えば、Lusardi, 2010）。結果として、ローンの返済総額を過小評価する可能性が高くなる。これに対処する潜在的な方法の1つは、クレジットカード請求書、住宅ローン開示、ローン書面等において算出例の記載を強制することである。例えば、請求書や明細書に、経過時間と未返済ローン残高を完済するための利息費用総額の計算を記載することを強制できる。年間明細書については、延長期間にわたるクレジットの総額を顧客がより容易に比較できるようにすることを強制することができる。クレジットカードについては、英国政府は強制的な年間明細書を導入するように規制を行うのではなく、英国クレジットカード協会と協定を締結し、過去12か月間のカード使用総費用を手数料および料金の種類別に内訳を記載して詳細に説明する年間明細書を導入した。この政策および米国CARD法に規定されている類似の強制が実際に消費者の行動を変更させるかを評価するためには、さらなる経験的研究が必要である（コラム2参照）。

　上記の両方の例において、行動に対する効果は、不利益な決定につながるエビデンスが存在する。すなわち、人々は非線形的に変化する数量を推算するのに苦労する。より一般的には、不利益の程度を特定し、原因を切り離し、結果を明確に改善する介入を見つけることはそう容易でないであろう。人々の意思決定に対し、政府が「バイアスの除去」を行う権利があるかどうかの問題にかかわらず、これらの条件を満たすことは困難である

と言える。

　エネルギー効率の良い電気製品に関連する例として、消費者はより安価であるがより不効率な、したがって最終的にはより費用のかかる電気器具を購入してしまうということを示した研究がある。この場合、消費者がクレジットを余儀なくされていない限り、より不効率な電気製品を購入することによる長期的な不利益は、極めて明白である。しかし、エネルギー効率性を促進することを望む政策立案者の観点は、困難な原因を取り出して、それに対処することである。仮定には、エネルギー効率性に関する情報が過度に複雑であること、消費者は将来の利益と比較して即時の損失を重視しすぎること、確実で容易に認識できる金銭的損失に対して重大性を測る場合に利益を認識すること、したがって利益を信頼することの困難さなどが含まれる。この例には、行動経済学を政策設計に使用する際の1つの主要な問題、すなわち、関連性を有する可能性のある現象が多数存在することが示されている。不利益の原因を同定することは困難であろうし、さらに特定の市場の状況をそのまま一般化して他の市場に用いることは不可能であると言えよう。

　これまでに紹介した多くの事例において、最適でない選択をしてしまう意思決定者が存在することは比較的容易に示すことができる。言い換えれば、意思決定が適切に行われているかそうでないかの質を評価することができると言える。燃費効率性、複利、電気製品の長期的費用は、経済性の問題であるということができ、したがって、どのように卓越した人がそれに付随する計算を基に自信を持って熟慮できるかが課題となる。政策立案者は、人々は同等の品質であればより多い支払いをすることを好まないと仮定することから、計算結果をよりわかりやすく明示することのできる市場制度の整備に資する規制を導入することは、導入のための費用が過度にかからない前提において歓迎されるであろう。しかし、他の状況においては、

誤りがあるかどうかを判断することは非常に困難であろう。

　顕著な例として、食品、運動、煙草およびアルコールについての選択がもたらす将来の健康への影響がある。多くの個人が、行動様式を変更したいと考えているが、長期的目標と整合性を有する決定を日常行うことは困難であると考えている。個人の中には、自分自身の行動を統制しやすくする介入、例えば、健康的な食生活または運動を実践する可能性の高い環境、アルコールまたは煙草の入手可能性に対する制限等を歓迎するかもしれない。しかし、ある1つの決定が誤りであることを、または特定の環境で行った決定は不利益なバイアスによるものであることを判断することは、非常に困難である。この検討自体は、規制当局が当該決定に介入する必要がどの程度あるのかに関する規範的討論とは関係ない。それにもかかわらず、規制者が介入することを認めたとしても、決定が実際に特定の介入により改善されているかを評価するのにどのような基準を使用できるかは不明であることが多い。

　同様に、消費者、事業に従事する者、および政策立案者が行う重要な決定の多くには、中期から長期にわたってリスクを評価することが伴う。決定は時間と整合性を有しないことを示唆する多くのエビデンス（上記参照）に加えて、個人は、リスクを処理することを困難と考え、多くの場合一貫した方法でリスクの高い選択肢からの選択を行わないことの良きエビデンスが存在する（最近のレビューについては、DellaVigna, 2009を参照）。さらに、個人は、曖昧さに対する嫌悪を示す。すなわち、自分がそれを評価できると感じた場合、誤ってそのように感じたとしても、同等のリスクをとることにより傾く（例えば、Fox and Tversky, 1995）。蓄積されたエビデンスにより、これらの現象は財務上の決定（Barberis and Thaler, 2003）、保険に関する決定（Schwarcz, 2010）、および電気通信契約の選択（Lunn, 2013a）に影響を与えることが示唆されている。

行動経済学は、このような現象についての説明およびこれらの決定に望ましい影響を有する可能性のある政策を設計するための関連する手段を数多く提供している。しかし、これらの場合には、いずれの決定が実際に不利益であるのか、そして不利益であるならばどの程度かを判断することは困難である。科学的研究の結果では、明らかにされた選好（個人が実際に行った選択により暗示される）は少なくとも時々、そしておそらく多くの場合において一貫性を有しておらず、最適とは言えない決定を下すことが往々にしてあることが示されている。したがって、政策を決定する際に、顕示選好が基準に沿って機能すると仮定することはできず、すなわち、人々は自分にとって最善とは言えない選択をしてしまうのではあるが、介入することにより人々の福祉を改善させたかどうか、もしくは一部の消費者だけでなく他の人々の福祉を改善することが、再配分に影響を及ぼしているかどうかを検討することは有効であるが、政策立案者は、介入前の決定と介入後の決定を比較し政策を決定することができていない（これらの問題についての議論および事例については、Lunn, 2013b参照）。

　Beshears *et al.*（2008）は、明らかにされた選好を基準的なものと考えられない場合でも、人々の真の選好についての有益な情報を政策立案者に与える可能性のある経験的エビデンスとして6つの形式を列挙している。それらは、①選択に取り組んだ決定者により行われた能動的な選択、②経験ある決定者により行われた漸近的選択、③個人全体の選択の総計、④自主的に報告された選好、⑤専門知識を有しまたは訓練を受けた者が情報を得て行った選択、および⑥明らかにされた選択のモデルを推定し、基準的な決定枠組み内で位置付ける構造的推定である。その他の形態のエビデンスも、これらに加えることができる。意思決定者が、選択肢セットの変化、またはフレーミングの影響ににどのように反応するかを発見することは有益であろう。例えば、人々の選択の矛盾や彼らのフレーミング効果の影響

を明示することができるのであれば、それらの反応の結果は、望ましい選択肢の提供につながるであろう。そのようなエビデンスは決定的とは言えないであろうが、提示することは可能である。

第5節　規制方法

　行動経済学が、どのように政策設計に影響を与えているかに関する上記の多数の例からは、いくつかの一般化を行うことができる。この節では、3つの関連する観察が集中的に取り扱われている。すなわち、①効果の大きさを測定することの困難さ、②研究室および現場の両者において多くの文書に記載されているが、今日まで上記で注目した現象よりも政策設計に対して少しの影響しか与えていないいくつかの行動現象、③一部の規制当局により採用されているより経験的アプローチである。これらの観察により、行動経済学の規制政策に対する将来の組み入れがどのように進む可能性が高いかについていくつかの兆候が示されている。

　行動経済学の帰納的性質は、行動の洞察を用いた政策に関する数多くの議論、すなわち政策が実験的に行われてきたという極めて多様な経験的研究結果から推測することができる。この点において、顕著な行動現象をとりまく大量のエビデンスは、行動の洞察を用いた政策は合理的選択理論の体系から逸脱していることを多くの研究者および政策立案者に納得させるのに十分であると言える。しかし、特定の現象が存在する可能性が高いことを導き出すことの方が、その相対的重要性について結論を出すことよりもはるかに容易である。すなわち、効果の存在は効果の大きさよりも容易に判断できるからである。

　例えば、利用可能なエビデンスを見ると、一定の市場において消費者が

接する決定の複雑さは不利益を生じさせる恐れがあること、または消費者は、時折価格の構成要素を軽視してしまうことに疑問を呈する者はほとんど存在しない。全体的に見て、これらの効果は、極めて多くの市場において存在する可能性が高いようである。関連性のある現象が、研究室および現場において特定され、記録されている。しかしそれでも、経験的にはどの程度の不利益が関係するのかを推定するのは非常に困難である。さらに、理論的には決定者に有益になる政策を考案することは比較的単純である。一方この場合にも、得られる可能性の高い利益の量、または介入が一部の消費者の助けになるが、他の消費者にとっては妨げになる可能性があるかを測ることは非常に困難である。単純化された製品情報の義務付けは、製品の複雑さが消費者を混乱させ、競争の足かせとなってしまうというエビデンスへの妥当な応答であるが、そのことによって得られる利益が当該措置を課する費用に勝ることを保証するものではない。総費用価格の開示を強制することは、消費者が認識しづらい隠された付随費用が伴う、高額のサービスを契約する際のエビデンスとして理屈の通った対処方法であるが、そのことは、この規制が実施された後で問題の契約が市場競争で排除されることを必ずしも意味するものではない。

この一般化に対する例外は、それ自体教育的である。年金制度に加入するかしないか、または臓器提供者になるかならないかというような二者択一に決定者が接する場合の方が、効果の大きさを証明するにはより簡単である。これらの場合の両者において、デフォルトを変更することに伴う証明された大きな効果は、複数の国の政策立案者にとって極めて説得力が強く、規制政策の変更につながった。さらに、年金金額の引き上げ、臓器提供者の増加が必要であるという主張には、その大半において争いはない。しかし、決定の大半は二分でなく、総計的結果については多くの場合、争いがある。例えば、消費者は住宅ローン、銀行サービス、公共サービス契

約、携帯電話サービス、ブロードバンドサービス等について良い選択を行わないことにより、極めて多額の累積余剰を得る機会を失うかもしれないし、失わないかもしれない。示唆的な行動現象を引用することは、特に明らかにされた選好が一貫しないことを示すことができる場合には困難でないが、含まれる効果の大きさを示すことは極めて難しい。性質が部分的には主観的なものであるそのような市場においては、ある選択の結果が他の選択の結果よりも優れていることを経験的に決定することは困難であり、どの程度優れているのかについてはより一層困難であり、市場にわたる総合的な効果の大きさを推定することについてはさらに一層困難である。

　したがって、多くの研究者および政策立案者は、行動経済学の研究結果が政策に対して重要な含意を有する可能性があることには同意しているが、それらの最終的な含意が何であるかについての同意は極めて少ない。このことは、今日までにとられた行動経済学の適用が、単純化、利便性、および顕著性に集中している理由を説明するのに資する。費用負担が大きくなる恐れもあれば、そうならないらない可能性もあり、そのような規制がもたらす利益の大きさについては疑問が残るものの、消費者に支援を行う意図は明確であり、相対的に異論が少ない。

　研究室および多くの現場でのケースにおいて、繰り返し証明されてきた別の行動研究結果から考えられる潜在的な影響のいくつかをこれと対比させることができるかもしれない。1つの例は、個人がどのように低い可能性を直感的に高く評価しすぎるのかである。この現象は、なぜこれまでに多くの人が、少しに見える利益のために賭博により多大な金銭を繰り返し失うのかを説明するのに幾分かの助けになるかもしれない（例えば、Productivity Commission, 2010参照）。同様に、研究結果では、人々が必要のない保険を受動的に購入してしまう恐れがあることが示されている。この場合の損失は、潜在的に大きく、不確実で実証することが極めて困難

である。ビンゴのケージから引き出されれるボールの色に数ドルを賭けたり、オンラインポーカーでかなりの金額を失ってしまうギャンブラーの行動のように、確率がいかに過度に高く評価されるのかを示す研究室での実験を、一般化するためには長い道のりが必要であろう。

資産市場において金融商品を購入する場合など、消費者に潜在的不利益が発生する場合には、リスク水準の認識および曖昧さのレベルの認識が良い意思決定に不可欠であることを容易に主張することができる。行動の洞察による調査結果は、これらの市場で投資判断を歪める恐れが高く、多大な福祉の損失を伴う恐れのある体系的な誤認を示唆している。しかし、そのような効果は研究室では証明可能であっても、問題の主要市場において経験的に試験し、予測することは極めて困難である。

効果の大きさを予測し、科学的研究結果を高度に特定の市場状況に一般化することの困難さは、行動経済学が政策に影響を与えている多くの事例でとられている規制アプローチの側面を説明するのに役立つ。両要素とも、行動現象を具体的な規制またはその他の政策措置に引き直す場合の不確実性が大きいことを示唆している。そのため、帰納的科学手法を政策立案自体に組み入れることが強く主張されている。言い換えれば、効果の大きさを予測することの困難さおよび研究結果を状況に引き直すことに関する懸念は、政策立案者にとって、それぞれの介入の状況に特有のテストを実施しまたは委託することが得策である可能性があることを意味する。

実際、行動に基づく政策のアジェンダを遂行し始めた機関および部局の多くが、政策設計に対してより経験的なアプローチをとっている。OIRAは、米国連邦部局に対して、それぞれの規制に経験的分析を実施することを奨励している。CFPBは、住宅ローン、クレジットカード、および学生ローン市場におけるCFPBの「負担する前に知る（know before you owe）」イニシアティブの基礎を補強することを意図したCFPBの単純化された開示案

の事前テストを実施した。CFPBは、その方法の中心である革新的な行動に基づく政策の経験的試験を行い、政策設計を改善するためにどのようにRCT、実験および試験を行うのかに関する指導書『テストし、学び、採用する（*Test, Learn, Adapt*)』を公表することにより当該アプローチをその他の公共サービス分野に拡大しようとした（Behavioural Insights Team, 2012b）。

この主張の要点は、このアプローチは行動経済学の顕著性の高まりを特徴付けた帰納的科学手法の自然な延長であるという認識である。この方法は、経済上の決定の複雑で多面的な性質に鑑み、おそらく必要なものである。政策策定に対するこのより帰納的アプローチの重要な帰結は、伝統的に高度に一般化された強力な演繹的モデルに依拠してきた政策に情報を与えるための新古典派経済学の利用からの更なる大幅な乖離である。行動に基づくアプローチには、その代りに、1つの政策分野から他の政策分野にモデルを一般化する場合の慎重さが暗示的に含まれている。当該アプローチに基づく研究結果では、テストし、試験されるに値する過程および政策が示唆されており、その科学的アプローチにより、必要な経験的作業を実施するための方法が提供されている。その結果、規制に対してより経験的なアプローチがとられることになる。

規制政策に対する一層の経験的アプローチはまた、規制過程の客観性および公平さに対する信頼を提供する点においても効果を有する可能性がある（OECD, 2012, 勧告7参照）。経験的研究結果は科学的プロセスにおいて利用可能なものとすることができ、適切な場合、科学的プロセスに貢献する。消費者および事業者は、ロビー活動、政治またはイデオロギーに対してではなく、公表された経験的結果に対する対応として提案を設計し修正する規制当局の客観性と公平さに対してより強く信頼を置くことができる。

第5章

規制デリバリー

規制デリバリーという概念は、規制設計のみならず、規制が実施される方法をも意味する。これには、規制当局の数および性質、ならびに規制者それぞれが責任を負う規制のコンプライアンスを確保するという責務をどのように行うかのような機関構成も含む。近年の規制デリバリーに対する注目の高まりは（例えば、Local Better Regulation Office, 2012参照）、どのように規制の施行が事業活動および最終的な成長に重要な影響を与えることができるかに関する洞察に基づいて生じている。規制デリバリーは、経済的、社会的、および環境上の結果を生み出すことを意図した規制の費用、効率性、および事業者によるコンプライアンスに影響を与える可能性がある。

　この短い章では、規制デリバリーにとっての行動経済学の潜在的含意のいくつかを簡潔に検討する。ここでは、これまでの章において扱った素材を繰り返し取り扱わず、したがって、分析はより前向きで推論的である。それにもかかわらず、規制デリバリーに対する行動経済学の影響は強まる可能性が高いという結論が出されている。その第1の理由は、これまでに規制デリバリーの問題を取り扱った行動研究は少ないが、行動経済学の確立した原則は明らかに関連性を有するからである。

　規制設計と規制デリバリーとの区別は有益であるが、実際、完全に明確なものでない。その理由は、通常、規制を実施する責務を負う規制者が、執行の優先順位を決定し、どの程度良好に規制が作用しているかを監視するからである。この主張は、政策と政策実施との間の不明確な区別に関して繰り返し行われている主張、すわなち「ストリート・レベルの官僚制（street level bureaucrats）」を単に実施するのでなく、創設する（Lipsky, 1980）という主張とパラレルである。良き規制デリバリーは、規制が現場でどのように運営されるのかに関する一定の柔軟性およびフィードバックを提供するものでなければならない。これは、関連する規制制度の効率性

を改善するために必要なことであり、良き規制デリバリーは、規制設計と相互作用を有する。

規制に対してより経験的なアプローチをとることが必要であるという第4章で導いた結論を念頭に、再度考察することは意味のあることである。行動経済学は市場への過度の介入につながる可能性が高いということは、行動経済学に対してよく指摘される批判である。しかし、単純化、利便性、顕著性に関連する科学研究の結果を手短に考察すれば、既存の規制の多くが、それ自体実効的であるには複雑すぎ、負担が重すぎることが示唆される。行動経済学は、古い規制の実効性についてテストするための実験を設計するための経験的方法論を提供している。実際、この理由から、OIRAは2011年に、米国連邦規制当局に対して、既存の規制を遡及的に経験的にテストするための戦略を確立することを要求した。したがって、規制の効果がなく、逆に社会的に負担となってしまっているような規制の排除に必要なエビデンスを提供するために、行動経済学のアプローチにより、規制デリバリーの一環として、現在施行されている規制の有効性に関する実証分析を実施することが必要ととなることが示唆されている（例えば、OECD, 2012, 勧告5参照）。このことが、どこでどのように実施されたかの詳細を明らかにする研究は有益であろう。

企業による決定を検討した行動研究はより少ないが、少なくとも個人による決定に関するいくつかの研究結果が企業による決定にも当てはまると考える十分な理由がある（Armstrong and Huck, 2010）。したがって、単純化、利便性、顕著性に関連する研究結果は、規制のコンプライアンスに関して企業による決定に関連性を有する可能性がある。ここにおける行動原則は、明確である。すなわち、より遵守しやすくすれば、コンプライアンスの可能性は高まる。

単純化は、米国における「記入可能で、ファイル可能（fillable fileable）」

イニシアティブの中核として活用されており、これは単純化されたオンライン入力フォームのより一層の活用により、管理プロセスを簡素化しようとする取り組みであり、多くの場合、入力すべき基本情報がデータ入力欄にあらかじめ入力されているものである。目的は、事業者および行政制度の負担を軽減することである。Sunstein (2011) は、「記入可能で、ファイル可能」イニシアティブから生じた72の行政上の変更のリストを引用している。事業者の書類作成および様式記入負担を軽減するためのこのような方法は、より良い規制デリバリーへの道であることは明らかである (Hampton, 2005)。

　選択しやすくされた選択肢がより魅力的であるというアイディアを検討すれば、コンプライアンスを遵守しなければならないという不都合さは、規制に違反してしまうことに対する多くの理由となるであろう。そのような恣意的な行為の例として、健康と安全、環境保護、食品衛生等が挙げられ、実際、長期的なリスクや利益に対して即時の利益を優先してしまうことである。このことは、良い規制デリバリーには、規制の執行だけでなく、企業に対して利用しやすい遵守とシステム構築の支援を提供することを示唆している。多くの場合、検査官は企業にはない専門知識を持っており、これを達成するために企業と協力するのに適した立場にある。

　ここにおいて重要な行動原則は、個人の行動が公平さについての認識にどのように影響されるかに関係する。多くの学術文献により確立されている2つの側面がどちらもコンプライアンスに関連していると言えるであろう。第1に、人々は、不公平さを認識した場合、自分自身の財務上の利益に反して行動することができる。したがって、個人または組織が当局から不公平に扱われたと感じた場合、それらの者は、彼らは非協力的な行動を通じて、ネガティヴな影響をもたらすリスク行動に傾斜していくであろう。第2に、大半の個人は、通常、他者が同じことをすることに自信がある場合、

第5章　規制デリバリー

より大きな善のために費用を被ることに積極的である。認識された公平さに対するこれらの反応により、規制当局による企業の取り扱いおよび他の企業がどのように行動するかに関する規制当局の知識は、コンプライアンスに影響する可能性が高いことが示唆されている。規制対象者からの信頼を規制当局が維持することの重要性は、規制者の管理における重要な原則である（OECD, 2013b）。

多数の国において実施された税制コンプライアンスに関する研究は、この問題との関連性を有する。UKBITは、英国税務当局と協力して、コンプライアンスに関する異なる様式による連絡方法のインパクトを評価することを意図した一連のRCTを実施した（Behavioural Insights Team, 2012）。RCTは、納税が遅滞している申告所得税、医療機関の滞納、未払法人税、個人投資家に対する課税金、過払税額控除、地方税における不当な単身者割引などの税金の回収において、不従順な個人や企業に対して送付する手紙に記載する内容の修正および効果的な催促の方策の検討に活用された。一般論として、税制コンプライアンスは、支払を容易にすることを意図した連絡、および当該地域において（コンプライアンス意識が比較的高い地域において）税金を支払った納税者の割合に関する情報を提供することによって高めることができる。これらの実験は、規制に対する経験的アプローチが、効率性を向上させ、費用のかかる執行措置についての多大な金額を節約させることができる良い例である。

これまでの章で強調したように、行動経済学が政策に最も大々的に導入されたのは、消費者政策と競争政策であった。これらの分野における規制デリバリーは、消費者の不利益が存在するのであれば、その範囲を評価し、救済を設計し、潜在的にはテストも行うことを意図した市場研究を含むことが多い。第3章では、様々な国おいて、どのように消費者保護当局および競争政策当局が行動経済学の専門的知識を高めるために、専門の職員を

募集したり、研修を実施し始めたかということを説明した。このことは、この分野での規制デリバリーに重要なものとしての行動経済学における技能の認識が高まっていることを示唆している。

　金融恐慌後の米国や英国の金融規制における最近の変更は、その良い例である。CFPBおよびFCAの両新機関は、それぞれ行動経済学者を募集した。これらの規制当局は、自己の職員が企業を監視し、潜在的な規制違反を調査し、または特定の製品もしくはマーケティング技法が消費者に不利益を与える可能性を検討する場合、行動経済学の確立した現象についての知識は観察した行動を理解し、判断を形成するのに有益である可能性が高いことを認識している。すなわち、多くの場合、政策に対する行動経済学の適用は、規制設計の水準で行われるだけでなく、既存の規則や規制が解釈され、執行される規制デリバリーの段階でも行われる。

　ここにおける興味深い問題は、継続的研究を行うことが規制デリバリーへの貢献につながることである。この文脈では、行動に基づく考え方に対する、間違いなく早期の採用者であると言える英国の公正取引局（Office of Fair Trading: OFT）の業務における、行動経済学の役割は注目に値する。OFTは、消費者による決定が価格の構成および広告方法により影響される程度に関するものを含む、一連の影響を及ぼす行動の研究を実施または委託した（Office of Fair Trading, 2010a, 2010b）。これらの報告に記載された情報は、一定の市場設定における実効的な競争および消費者保護の程度を評価しようとするOFTの分析者にとって明らかに有益であろう。

　米国においては、CFPBは、消費者がどのように情報開示に反応するかに関する継続的研究を金融サービス提供者に実施させようともしている。2012年11月に発表された「プロジェクト・カタリスト（Project Catalyst）」では、消費者による決定を改善することを目的とした新しい開示様式またはその他の改革を試験実施するために、経験的情報に基づく規制に貢献す

るための情報提供者の協力が求められている。研究は、規制当局と協力して実施されることになるであろう。

　要約すれば、本章の事例は、多くの分野、おそらく著名なところでは行動経済学が規制設計に最も大きな影響を与えている分野で、行動経済学がどのように規制デリバリーに影響を与えているかを示している。現在は、規制設計と比較して、教訓を導き出すための例は少なく、利用可能な研究もより少ないが、規制デリバリーを改善するために行動経済学から導かれた原則を利用する余地は多大に存在していると言えよう。

第6章

結論

行動経済学の研究結果は、多くの国で政策に情報を与えるために、その使用が増加している。米国および英国は政策に対する行動経済学の明示的な適用を開拓したが、その他の多くの国もまた、行動情報アプローチを採用し始めている。欧州委員会は、政策設計に行動研究を使用している。なかんずく、オーストラリア、フランス、デンマーク、スウェーデン、ノルウェーは、政策立案者の間で行動に基づく考え方を促進することを目的とした特定できるイニシアティブを有している。そのようなイニシアティブは、ドキュメントと同数の研究が未だ実施されていないかもしれないが、それにもかかわらず政策に対する重要な貢献となる可能性があり、政策立案に対する行動情報の暗示的適用につながる可能性がある。

　行動経済学は、規制政策のデリバリーと再配分政策における多くの潜在的適用性を有しており、行動経済学の政策への適用の割合の多くは、これまでの規制政策に関係しており、従来の規制政策への潜在的な代替案を包含するために広く定義されるものである。これらの発展の大半は、直近5年間に生じた。したがって、政策立案への行動経済学の普及は、迅速で広いものであった。

　消費者および競争政策は、行動情報を基にした考え方が最も広く導入されている分野である。より一般的な適用には、経済行動主体が接する決定を単純化するため、より有利な選択肢をより便利にするため、または主要情報の顕著性を高めるために情報を強調したり提供したりすることが含まれる。その他の重要な適用には、有益なデフォルトの設定、特に年金政策に関するデフォルトの設定、および経験的エビデンスがシステマティックに不利益な決定を示唆する場合に経済行動主体から「バイアスの除去（debias）」等の様々な試みが含まれる。

　科学的エビデンスは、これら多くの行動情報を基にした政策の背後にあるが、それらを基に介入により起こりうる結果および当該効果の大きさに

第6章 結 論

関して、介入が提案または施行されている特定市場の状況を測定し、評価することは困難である。行動経済学における研究は、広範囲な効果は証明できるが、詳細な因果関係の仕組みが明確には特定されていない場合、意思決定に対する捉えにくい複雑な影響を示すことが多い。そのため、効果がどの程度特定の政策の事情において置き換えることができるかは不明であると言えよう。したがって、多くの介入は確実な根拠のある経験的研究結果に基づいているが、実効性については不確実な効果の大きさに左右されるものであり、このことは、生じる可能性の高い政策のインパクトは評価困難であることを意味する。

　これは、政策にとって重要な問題である。このことから、ある効果が特定の市場状況において作用すると仮定できる程度に対して注意する必要があることが示唆される。政策策定に対するより広いアプローチに関しては、このことは行動経済学の中心にある経済分析に対するより帰納的なアプローチを採用する政策立案者にとって有益である可能性があるという意味合いを持つ。このことは、実験、試験、およびRCTを使用した状況に特定の経験的研究を実施または委託する用意を政策立案者および規制当局がしていることを伴う。政策に対する行動の適用を開拓しているこれらの国においては、そのような経験的なアプローチの使用は広がり続けており、規制影響評価のような従来の規制政策ツールを補完することができる。

　この結論には、適用された経済分析、ならびに政策策定および規制に従事している者のスキルセットにとっての含意がある。費用便益分析や規制影響評価は、利用可能なエビデンスを収集し、確実な根拠のある理論的枠組みの中に位置付け、もって特定の介入の利点に関する信頼性のある予測を生み出すことを意図した資源集約的取り組みである。そのように取り組みが実施された場合、それにより提供される回答は、少なくとも中期的には、持続することを意図したものである。対照的に、行動に基づくアプロー

チには、エビデンス、理論および政策間のよりダイナミックなインターフェースが関係する。多数の利用可能な行動研究結果は、異なる状況における経済活動主体による決定を改善するための多くのアイディアを創作するのに使用できる可能性がある。しかし、ある介入が基礎とする効果が具体的な状況に一般化されるのかは、経験的な問題となる。類似の状況における結果は、イニシアティブの検討対象とするに値する良き案内となる可能性があるが、生じる可能性が高い影響の信頼性がある予測を行うには、おそらく問題の特定の市場についてのもう1つまたはそれ以上の経験的研究が必要となるであろう。このような研究を行うためには、良い規制政策を講じるために、これまでの伝統的な演繹分析の実践とは異なる科学的なスキルを必要とされることから、研修、人材の採用や学術研究者と政策担当者との連携が重要視される。

行動経済学の前進は、政策立案者に別の問題を投げかけた。安定的な選好についての伝統的な仮定は、現在、明らかに一貫性のない選好を記録した多数の研究結果により疑問視されている。したがって、現在は程度は不明であるが、明らかにされた選好は個人の最善の利益へ案内するのには不完全である。結論としては、そのような効果が観察できる市場においては、政策立案者が、潜在的な不利益を確実な根拠に基づき評価し、結果の明らかな改善につながる介入を決定することは極めて困難であるということである。

この結論は、政策に行動経済学が適用された早期の例には、規制設計および規制デリバリーの両者を改善するための単純化、利便性および顕著性に焦点を与えた情報の伝達方法の変更が含まれるという観察と整合する。そのような規制措置は、消費者から好まれる可能性が高く、そのような規制措置は重要な何かを理解せず、または気づかず消費者が明確に特定可能な判断の誤りを犯す可能性を低減することを目標とすることから、相対的

第6章 結 論

に言えば異論が少ない。しかし、その他の多くの行動研究結果は、決定の質に関するより議論のある問題につながる。所得の多大な部分を賭博に費やす個人、リスクの高い資産に投資する個人、または自分自身に長期的な不利益が生じる可能性の高い活動を行う個人は、誤りを犯しているのだろうか？

　本書における検討では、論理分析ではなく実証分析、すなわち行動経済学がどのように「適用されるべきか」ではなく、どのように「適用されているのか」に焦点を合わせている。しかし、区別は完全には明確でない。これまでに行われた行動経済学の適用は、決定者がそれぞれ自身の最善の利益または少なくともそれぞれ自身の財務上の利益に基づいて行動していないことが最も明確な場合の介入および市場に集中する傾向があった。しかし、行動現象は重要な役割を果たすことが可能であり、良くない決定は多大な費用をもたらすものであり、しかし現在不利益な決定および含まれる不利益の程度をどのように特定するのかが不明な市場が多数存在する。そのような問題は、経験的分析で処理できる可能性もあれば、できない可能性もある。

　第4章では、規制デリバリー、すなわち規制の実施に対する行動経済学の潜在的適用を検討した。当該章では、規制上の負担を限定するために行動原則が使用できる場合を特定した。これには、既存の規制の継続的テスト、コンプライアンスの容易化、公正な実施の優先、および規制対象主体との連絡の効率性のテストが含まれる可能性がある。規制政策の場合と同様に、規制デリバリーに対する行動に基づくアプローチは、規制当局に要求される技能にとっての含意を有する。

　最後に、一般的な見地をここで指摘する。本書における検討では、規制設計または規制デリバリーに対して行動経済学がどのように適用されているかに焦点を当てたが、行動経済学は規制設計全体に対する、より一般的

な影響を有している可能性がある。行動経済学では、行動が規則および規則の執行を大幅に超えるものによって、どのように影響を受けているのかが示されている。行動経済学は、決定者が行動している環境がどの程度関係するのかを明らかにしている。規制は、当該環境を変更する1つの可能な方法であるだけであるが、規制が実効的な場合、それは規制が禁止するという理由からよりも、むしろ規制が支援するからであることが多い。すなわち、良き規制は決定者にとっての環境を改善することができる。したがって、行動経済学は規制に対する政府の基本的姿勢に影響を与え、単なる行動に対する制約としてではなく、肯定的な結果を達成することを可能にし、容易にするものとしての規制の発想を強化することに資する可能性がある。

　行動経済学は、時には端に追いやられてしまう場合もあった学術分野の立場から、驚くべき速さで主流に流れ出てきた。本書における検討は、この過程の一部を文書化し、含意を検討することを目的とした。おそらく、導くことの可能な最も広義の結論は、行動経済学は政策立案者のためのいくつかの回答を示唆するとともに、我々全員がより良い決定を行うのを支援するために政策が何を行うことができ、できないのかに関する重要な問題を提示し続けているということである。

参考文献・資料

Agnew, J.R. and Szykman, L.R. (2005), "Asset Allocation and Information Overload: The Influence of Information Display, Asset Choice, and Investor Experience", *Journal of Behavioral Finance*, 6: 57-70.

Agarwal, S. *et al.* (2013), "Regulating Consumer Financial Products: Evidence from Credit Cards", *NBER Working Paper No. 19484*.

Allcott, H. (2013), "The Welfare Effects of Misperceived Product Costs: Data and Calibrations from the Automobile Market", *American Economic Journal: Economic Policy*, 5: 30-66.

Armstrong, M. and Huck, S. (2010), "Behavioural Economics as Applied to Firms: a Primer", *Competition Policy International*, 6: 3-45.

Barberis, N. and Thaler, R. (2003), "A Survey of Behavioral Finance", in *Handbook of the Economics of Finance*, Constantinides, G.M., Harris, M. and Stulz, R. (eds.), Elsevier Science.

Bar-Gill, O. (2011), "Competition and Consumer protection: A Behavioral Economics Account", *Law and Economics Research Paper Series, Working Paper No. 11-42*, New York University School of Law.

Behavioural Insights Team (2011), *Annual Update 2010-2011*, Cabinet Office, London.

Behavioural Insights Team (2012a), *Applying Behavioural Insights to Reduce Fraud, Error and Debt*, Cabinet Office, London.

Behavioural Insights Team (2012b), *Test, Learn, Adapt*, Cabinet Office, London.

Bertrand, M. *et al.* (2010), "What's Advertising Content Worth? Evidence from a Consumer Credit Marketing Field Experiment", *Quarterly Journal of Economics*, 125: 263-306.

Beshears, J. *et al.* (2008), "How are Preferences Revealed?", *Journal of Public Economics*, 92: 1787-1794.

Beshears, J. *et al.* (2010), "How Does Simplified Disclosure Affect Individuals' Mutual Fund Choices?", *NBER Working Paper No. 14859*.

Bettinger, E.P. *et al.* (2009), "The Role of Simplification and Information in

College Decisions: Results from the H&R Block FAFSA Experiment", *NBER Working Paper No. 15361*.

Carroll, G.D. *et al.* (2009), "Optimal Defaults and Active Decisions", *Quarterly Journal of Economics*, 124: 1639-1674.

Centre d'analyse stratégique (2010), *Improving Public Health Prevention with Behavioural, Cognitive and Neuroscience*, Premier Ministre, Paris.

Centre d'analyse stratégique (2011), *Green Nudges: New Incentives for Ecological Behaviour*, Premier Ministre, Paris.

Chetty, R., A. Looney and K. Kroft (2009), "Salience and Taxation: Theory and Evidence", *American Economic Review*, 99: 1145-1177.

Congdon, W.J., J.R. Kling, and S.Mullainathan (2011), *Policy and Choice: Public Finance Through the Lens of Behavioural Economics*, Brookings Institution Press, Washington DC.

Cooper, J. *et al.* (2010), "Super System Review Final Report, Part One, Overview and Recommendations", www.SuperSystemReview.gov.au.

DellaVigna, S. (2009), "Psychology and Economics: Evidence from the Field", *Journal of Economic Literature*, 47: 315-372.

Department for Business, Innovation and Skills (2011), *Better Choices, Better Deals: Consumers Powering Growth*, Department for Business, Innovation and Skills/Cabinet Office, London.

Department of Health (2008), *Consultation on the Future of Tobacco Control*, Department of Health, London.

Department of Finance and Deregulation (2012), *Influencing Consumer Behaviour: Improving Regulatory Design*, Department of Finance and Deregulation, Canberra.

Dolan, P. *et al.* (2010), "MINDSPACE: Influencing Behaviour Through Public Policy", The Cabinet Office/Institute for Government, London.

Erta, K. *et al.* (2013), "Applying Behavioural Economics at the Financial Conduct Authority", *Occasional Paper No. 1*, Financial Conduct Authority, London.

European Commission (2010), *Consumer Decision-Making in Retail Investment Services: A Behavioural Economics Perspective*, European Commission, Brussels.

Fox, C.R. and A. Tversky (1995), "Ambiguity Aversion and Comparative Ignorance", *Quarterly Journal of Economics*, 110: 585-603.

Frederick, S., G. Loewenstein, and T. O'Donoghue (2002), "Time Discounting and Time Preference: A Critical Review", *Journal of Economic Literature*, 40: 351-401.

Gabaix, X. and D. Laibson (2006), "Shrouded Attributes and Information Suppression in Competitive Markets", *Quarterly Journal of Economics*, 121: 505-540.

Garcés, E. (2010), "The Impact of Behavioral Economics on Consumer and Competition Policies", *Competition Policy International*, 6: 145-152.

Garner, R. (2005), "Post-It® Note Persuasion: A Sticky Influence", *Journal of Consumer Psychology*, 15: 230–7.

Giulietti, M., C. Waddams Price, and M. Waterson (2005), "Consumer Choice and Competition Policy: a Study of UK Energy Markets", *Economic Journal*, 115: 949-968.

Hampton, P. (2005), *Reducing Administrative Burdens: Effective Inspection and Enforcement*, HM Treasury, London.

Hossain, T. and J. Morgan (2006), "...Plus Shipping and Handling: Revenue (Non) Equivalence in Field Experiments on eBay", *B.E. Journals in Economic Analysis and Policy: Advances in Economic Analysis and Policy*, 6: 1-27.

House of Lords Science and Technology Committee (2011), "Behaviour Change", www.parliament.uk/hlbehaviour.

Iyengar, S.S., G. Huberman, and W. Jiang (2004), "How Much Choice Is Too Much? Contributions to 401 (k) Retirement Plans", in *Pension Design and Structure: New Lessons from Behavioral Finance*, Mitchell, O.S and Steve Utkus, S. (eds.), Oxford University Press, Oxford.

Iyengar, S.S. and E. Kamenica (2010), "Choice Proliferation, Simplicity Seeking, and Asset Allocation", *Journal of Public Economics*, 94: 530-539.

Iyengar, S. and M. Lepper (2000), "When Choice is Demotivating: Can One Desire Too Much of a Good Thing?", *Journal of Personality and Social Psychology*, 79: 995-1006.

Johnson, E. J. and D. Goldstein (2003), "Do Defaults Save Lives?", *Science*, 302: 1338-1339.

Kahneman, D. (2011), *Thinking, Fast and Slow*, Penguin, New York and London.

Kahneman, D. (2013), Foreword, in *The Behavioural Foundations of Public Policy*. Shafir, E. (ed.), Princeton University Press, Princeton.

KallBekken, S., S. Håkon, and E.A.T. Hermansen (2013), "Bridging the Energy Efficiency Gap: A Field Experiment on Lifetime Energy Costs and Household Appliances", *Journal of Consumer Policy*, 36: 1-16.

Larrick, R.P. and J.B. Soll (2008), "The MPG Illusion", *Science*, 320: 1593-1594.

Lipsky, M. (1980), *Street-level Bureaucracy: Dilemmas of the Individual in Public Services*, Russell Sage Foundation, New York.

Local Better Regulation Office (2012), "Regulation and Growth", www.bis.gov.uk/brdo/publications, Better Regulatory Delivery Office, London.

Lowi, T.J. (1972), "Four Systems of Policy, Politics, and Choice", *Public Administration Review*, 32: 298-310.

Lunn, P.D. (2012), "Behavioural Economics and Policy making: Learning from the Early Adopters", *Economic and Social Review*, 43: 423-449.

Lunn, P.D. (2013a), "Telecommunications Consumers: A Behavioral Economic Analysis", *Journal of Consumer Affairs*, 47: 167-189.

Lunn, P.D. (2013b), "Are Consumer Decision-Making Phenomena a Fourth Market Failure?", *ESRI Working Paper 455*.

Lusardi, A. (2010), "Americans' Financial Capability", Report Prepared for the Financial Crisis Inquiry Commission, 26 February 2010.

Madrian, B.C. and D.F. Shea (2001), "The Power of Suggestion: Inertia in 401 (k) Participation and Savings Behaviour", *Quarterly Journal of Economics*, 116: 1149-1187.

Marzilli Ericson, K.M. and A. Starc (2013), "How Product Standardization Affects Choice: Evidence from the Massachusetts Health Insurance Exchange", *NBER Working Paper No. 19527*.

Micklitz, H-W., L. A. Reisch, and K. Hagen (2011), "An Introduction to the Special Issue on 'Behavioural Economics, Consumer Policy and the Law' ", *Journal of Consumer Policy*, 34: 271-276.

Monteiro, N. and R. Zaidi (2007), *Market Impacts of MCOB*, Financial Services Authority, London.

Office of Fair Trading (2010a), *Advertising of Prices*, Office of Fair Trading, London.

Office of Fair Trading (2010b), *The Impact of Price Frames on Consumer Decision Making*, Office of Fair Trading, London.

OECD (2012), *Recommendation of the Council on Regulatory Policy and*

Governance, www.oecd.org/gov/regulatory-policy/2012recommendation.htm.

OECD (2013a), "Review of the Irish Pension System", www.welfare.ie/en/Pages/Pension-Policy.aspx.

OECD (2013b), "OECD Best Practice Principles for the Governance of Regulators", OECD.

OFGEM (2011), *What Can Behavioural Economics Say About GB Energy Consumers?*, OFGEM, London.

OFGEM (2012), *The Retail Market Review – Updated Domestic Proposals*, OFGEM, London.

Productivity Commission (2008a), "Behavioural Economics and Public Policy", Roundtable Proceedings, Productivity Commission, Canberra.

Productivity Commission (2008b), "Review of Australia's Consumer Policy Framework", Final Report, Productivity Commission, Canberra.

Productivity Commission (2010), "Gambling", Report No. 50, Productivity Commission, Canberra.

Rabin, M. (1998), "Psychology and Economics", *Journal of Economic Literature*, 36: 11-46.

Rafaat, R. M., N. Chater, and C. Frith (2009), "Herding in Humans", *Trends in Cognitive Science*, 13: 420-428.

Rick, S.I. (2011), "Losses, Gains, and Brains: Neuroeconomics Can Help to Answer Open Questions about Loss Aversion", *Journal of Consumer Psychology*, 21: 453-463.

Sapsford, D., S.L. Phythian-Adams, and E. Apps (2009), "Behavioural Economics: A Review of the Literature and Proposals for Further Research in the Context of Workplace Health and Safety", *Health and Safety Executive Research Report 752*, Health and Safety Executive, Liverpool.

Scheibehenne, B., R. Greifeneder and P.M. Todd (2010), "Can There Ever Be Too Many Options? A Meta-Analytic Review of Choice Overload", *Journal of Consumer Policy*, 37: 409-425.

Schwarcz, D. (2010), "Insurance Demand Anomalies and Regulation", *Journal of Consumer Affairs*, 44: 557-577.

Shafir, E. ed. (2013), *The Behavioural Foundations of Public Policy*, Princeton University Press, Princeton.

Shiller, R.J. (2005), "Behavioral Economics and Institutional Innovation", *Cowles*

Foundation Discussion Paper No. 1499, Yale University.

Shogren, J. (2012), "Behavioural Economics and Environmental Incentives", *OECD Environment Working Papers*, No. 49, OECD Publishing, http://dx.doi.org/10.1787/5k8zwbhqs1xn-en.

Smith, N.C., D.G. Goldstein, and E.J. Johnson (2010), "Smart Defaults: From Hidden Persuaders to Adaptive Helpers", *INSEAD Working Paper No. 2009/03/ISIC*.

Stucke, M.E. (2012), "The Implications of Behavioural Antitrust", Paper prepared for the OECD Directorate for Financial and Enterprise Affairs, Competition Committee, Hearing on Competition and Behavioural Economics, 25 July, 2012.

Sugden, R. (2011), "The Behavioural Economist and the Social Planner: To Whom Should Behavioural Welfare Economics be Addressed?" *Paper on Economics and Evolution No. 1121*, Max Plank Institute of Economics.

Sunstein, C.R. (2011), "Empirically Informed Regulation", *University of Chicago Law Review*, 78: 1348-1429.

Thaler, R. H. and C. R. Sunstein (2003), "Libertarian Paternalism", *American Economic Review*, 93: 175-179.

Thaler, R. H. and S. Benartzi (2004), "Save More Tomorrow: Using Behavioral Economics to Increase Employee Saving", *Journal of Political Economy*, 112: S164-S187.

Thaler, R. H. and S. Mullainathan (2000), "Behavioral Economics", entry in the *International Encyclopedia of the Social and Behavioral Sciences*.

Thaler, R. H. and C. R. Sunstein (2008), *Nudge: Improving Decisions About Health, Wealth, and Happiness*, Yale: Yale University Press.

Tufano, P. (2011), "Just Keep My Money! Supporting Tax-Time Savings with US Savings Bonds", *American Economic Journal: Economic Policy*, 3: 172-200.

US government (2013), "Strengthening Federal Capacity for Behavioral Insights", unpublished document.

Van Bavel, R. *et al.* (2013), *Applying Behavioural Sciences to EU Policymaking*, Publications Office of the European Union, Luxembourg.

Wilson, C.M. and C. Waddams Price (2010), "Do Consumers Switch to the Best Supplier?", *Oxford Economic Papers*, 62: 647-668.

訳者解説

　本書の論点を再考するとともに、行動公共政策、すなわち行動経済学の洞察を活用した公共政策に関連する国際的な動向を確認するために、訳者解説を記した。ここでは、最初にOECDによる行動経済学の洞察を活用した公共政策の動向および他の国際機関の動向を確認した上で、国際社会においてなぜそのような政策が必要とされるのかについて、政策的な側面と人間の習性的な側面から解説する。その上で、本書の総括として本書が焦点を当てた行動経済学の洞察を活用した公共政策の4つの戦術的方策、すなわち各選択アーキテクチャがどのように公共政策に活用されたかについて解説を行う。

1　OECDによる行動公共政策の動向

　本書は、OECDの公共ガバナンス及び地域開発局(Directorate for Public Governance and Territorial Development)の配下にある規制政策委員会(Regulatory Policy Committee: RPC)が取り組んだ行動経済学の知見を活用した公共政策の検討の1つの成果として出版されたものである。

　本書を著述したのは、エコノミストのピート・ラン(Pete Lunn)博士であり、2013年11月に開催された第9回規制政策委員会において公表が承認されている。

　2015年1月には本書と連動するかたちで「行動の洞察と新しい政策設計への取り組み(Behavioural Insights and New Approaches to Policy Design)」というタイトルのセミナーが開催されており、本書の執筆者であるピート・

ラン博士、ナッジの提唱者であるキャス・サンスティーン博士とリチャード・セーラー博士、世界銀行、欧州委員会のBehavioural Insights、英国のBehavioural Insights Team、米国のSocial and Behavioral Sciences、および学識経験者が一堂に会して、各公共政策分野における行動経済学の洞察の活用が議論されている。

さらに、本翻訳書執筆時点においては、国際社会に対して、行動科学の洞察を公共政策に活用している事例の収集を呼びかけており、集められた事例を編纂して、OECD加盟国および国際社会に共有することが目指されている。

2　国際機関による行動公共政策の動向

今日、行動経済学の知見は、各国際機関においても公共政策に取り入れられている。国際連合における貿易問題を取り扱う国際連合貿易開発会議（UNCTAD）の消費者保護ガイドライン"The Benefit of Competition Policy for Consumers"では、消費者が商品を購入する際に発生する認知的バイアスとして、選択過重負荷（choice overload）、代表バイアス（representational biases）、フレーミング、デフォルト、位置バイアス（placement biases）、投射バイアス（projection bias）、過剰楽観主義（over-optimism）、損失回避バイアス（lossaversion biases）などが発生する恐れを指摘しており、認知的バイアスの発生を踏まえた消費者保護政策を講じることの必要性をガイドラインとして国連加盟国に対して明示している（UNCTAD, 2012, 2014）。

次に、欧州における政策執行機関である欧州委員会（EC）の行動公共政策に関する報告書及び勧告である"Behavioural Insights Applied to Policy"では、各加盟国における行動経済学の洞察を活用した公共政策の実践事例

の収集と共有が行われている。さらに、エビデンスに基づく政策の立場から、従来の市場データや社会調査データに加えて、行動履歴を用いた分析によるエビデンスに基づく政策を講じることの必要性および、そのような行動データを政策立案者や研究者が活用することを勧告している（Lourenco *et al.*, 2016）。

　一方OECDにおける行動経済学の洞察を活用した公共政策の実践状況を見てみると、消費者政策委員会（Committee on Consumer Policy: CCP）では、電子商取引における消費者保護勧告として"Consumer Protection in E-commerce"を2016年に公表している。本勧告では、電子商取引において行動情報が活用されている現状を踏まえて、以下のことを勧告している。消費者保護を講じる上での一般原理として、「透明で効果的な保護」を講じるために、「子どもや弱者または不利な立場にある消費者などの保護のために、政府と利害関係者は、電子商取引の特殊な状況に応じて、彼らの保護を講じるための政策決定を協力して講じること。そのためには、彼らのアカウントから情報や行動経済学からの洞察を得る必要がある」ことを勧告している。そして、そのような勧告の目的を達成するために、政府は利害関係者と協力して、「電子商取引政策をエビデンスに基づいて改善していくための作業として、（中略）行動経済学から得られた洞察に基づいて実証的研究を行うこと」が施行原則として勧告されている（OECD, 2016）。

　このようにOECDにおける消費者保護政策は、アカウントの履歴から得られた購買・行動履歴を分析するというIoT環境を前提としたデータ分析が勧告されているものであると判断できる。そのために、政策立案者や研究者のみならず、IoTを活用する供給側企業との協力を促す勧告となっていることが理解できる。

3 なぜ行動公共政策が必要なのか？

上述したように、OECDをはじめとする国際機関では新しい公共政策のアプローチとして、行動経済学を活用した公共政策の採用を検討している。ではなぜ公共政策に行動経済学の知見を取り入れることが必要なのであろうか。この疑問について考えていきたい。

先ずは、公共政策を取り巻く国際・社会環境の側面から考えてみたい。近代社会の長い歴史において、国家による政府規制の行使は、自国を統治する上で重要な役割を果たしてきた。外部不経済への対応、情報の非対称性から生ずる不利益への対応や市場における経済活動の中で発生するモラルハザードへの対応など、政府規制には必然性が存在する。

政府規制は、国の最高権力機関が規制を行うことから、権威的であり、執行力が絶対的になる（Dye, 1995）。そのような意思決定プロセスを経て成立した政府規制は、法の執行力や政策の施行力が極めて強い状況を生む。そのことは結果として、法の執行の結果からより大きな変化を社会にもたらすことになると言える。このことは、政府という厳格な政策執行機関によるコマンド＆コントロール型の統治を可能としてきた。

これまでの現実社会においては、このような制度による政府規制が行われてきた。しかし、近年の経済のグローバル化の進展、国民の価値観の多様化、国民個人の権利意識の高まりから、政府規制を軸とした規制の在り方が揺らいできている。価値観の多様化は、政府による政策の施行を困難にすることを意味する。

例えば、喫煙や生活習慣病対策など国民の価値観や権利に踏み入ることが必要となる場合に、法律や規制によって政府が決定したある一定の健康基準に国民を強制的に従わせることはできないことは明白であろう。もし、

国民自らが、政府が望ましいと考える基準に沿うような意思決定（喫煙を控えようとしたり、生活習慣病にかからないように生活スタイルを規則正しいものに改めようとしたり）をするのであれば、法律や規制を講じて、人々を律する必要はなくなる。

　行動経済学の洞察を活用した公共政策は、法律や規制により、人々の行動を制限するのではなく、人々が自ら適切な行動をとるように促していく政策手法である。このことから、現代社会のような、国民の価値観が多様化し、彼らの権利意識が高まっている社会状況において、政策立案者が政策目標を達成するための有効な手段となると言えるであろう。

　では、人々の行動はなぜ変化するのであろうか。言い換えると、人々はなぜ自分にとって望ましくない行動や社会にとって望ましくない行動をとってしまい、どのような要因から人々の行動を適切な行動に変化させることが可能になるのであろうか。さらに、人々はなぜ最適ではない選択をしてしまうのであろうか。これらの疑問に対して人間の認知面から考えていきたい。

　認知科学の多くの研究成果では、人間は自分ではよく考えて行動していると思っていても、実際には無意識的に行動してしまっていることを報告している。Stanovich（2005）は、人間の行動は言語や意識に依存した熟慮的処理モードと、直感や感情で行動する自動的処理モードによって行われていると論じている。

　このような行動処理の過程は二重過程理論と呼ばれており、Evans（2008）は、そのような行動の処理過程を「システム1」と「システム2」として定義付けている。Evansの定義によれば、自動的処理モード（システム1）は、無意識的であり、暗示的な情報を基にし、自動的に行動し、その行動をとることへの努力はほとんどなく、反射的に行動し、許容範囲が広く、知覚的な意識に基づいた行動をとる。一方、熟慮的処理モード（システム2）は、

意識的であり、明示的な情報を基にし、制御された行動をとり、その行動をとることに対する努力が必要であり、その行動がとられるまでには時間がかかり、許容範囲が狭く、分析や熟慮した上で行動をとる。

表1　二重過程理論における各システムの行動要素

システム1	システム2
無意識的	意識的
暗示的	明示的
自動的	制御的
努力は不要	努力が必要
反射的	時間を要する
広い許容範囲	狭い許容範囲
デフォルトのプロセス	抑制的
知覚的な意識	分析、熟慮

出所：Evans（2008）を基に筆者作成。

またNisbett and Wilson（1977）は、人間が自動的処理モードを介して行動したことに対して、あたかも熟慮的処理モードを介して行動したと錯誤する傾向にあることを主張している。さらに鈴木ら（2013）は，人間はこのような自動的処理モードと熟慮的処理モードの認識の錯誤の結果に対して、認知的不協和を回避するために「自らの意思や信念がその認知結果を生み出したかのように」結論付けていることを指摘している。

そこで、前述した喫煙や生活習慣病対策をこの二重過程理論に照らし合わせて考えると、法律や規制政策は、熟慮的処理モードの要素を多様に含む方策であることが理解できる。そのため、人々が健康を考慮した行動ができるようになるためには、彼らに対して努力や自己抑制的な行動を強いる必要があり、彼らがそのような行動がとれるようになるためには時間を要してしまうことが理解できる。

それに対して、仮に自動処理的モードにより彼らの行動を健康的な方向に導くことが可能であれば、彼らはさほど努力せずに適切な行動をとることができ、そのような行動を反射的に行うようになるかもしれない。

Thaler and Sunstein (2008) が提唱するナッジは、自動処理的モードに対する働きかけを行うことにより、人々を社会として望ましい方向に仕向ける方策なのである。ナッジとは「気づかせるために肘でそっと突く」という意味であり、人々はナッジされることで無意識的・反射的に適切な行動へと導かれるのである。本書では、そのようなナッジの公共政策への活用が議論されてきたのである。

さらに、Thaler and Sunstein (2008) は、ナッジは「選択を禁ずることも、経済的なインセンティブを大きく変えることもなく、人々の行動を予測可能な形で変える選択アーキテクチャのあらゆる要素」から構成されているしている。この「選択アーキテクチャ」とは、認知心理学分野において研究されてきたフレーミング、フィードバックやプライミング等による情報の提供や、社会心理学分野において研究されてきた集団同調性やバンドワゴン効果等による誘因や、契約理論において研究されてきたデフォルト・ルールやオプトアウト方式等の学際的なアプローチを用いて、人々の行動を適切な方向に導くための情報の組み合わせや提示の仕方を意味している。

また、Oliver (2013) は、行動経済学を活用した公共政策を「公共政策の目的を達成するために、人々の行動変容を生じさせる政策手段」であると定義付けている。言い換えると、これまでの公共政策にナッジを取り入れることにより、「規則を設けることなしに規制成果を得る方法として可能な方法、すなわち同一の公共政策目的を達成するように設計された規制以外の代替的方法」(Lunn, 2014) により公共政策の目標を達成しようとするものである。

これまで行動経済学を活用した公共政策は、主に年金、健康、医療、公衆

衛生などの社会厚生政策や、進学率を上げるための教育政策、自然環境保全などの環境政策、さらには市場における消費者保護政策などの分野において導入されてきている（Lunn, 2014; Thaler and Sunstein, 2008; Lourenco *et al.*, 2016; World Bank, 2015; UNCTAD, 2012; Behavioural Insights Team, 2014）。

4　本書が焦点を当てた選択アーキテクチャ

前述したように、ナッジを講じるための選択アーキテクチャは、主に認知心理学分野において数多く研究されてきた諸理論の組み合わせであるが、本書においては特に公共政策に援用する上で有効と考えられる選択アーキテクチャとして、1) 情報と選択肢の単純化、2) デフォルトと利便性、3) 顕著性と注意、4) バイアスの除去と選択の質に焦点が当てられている（参照：図1）。

図1　本書が注視する選択アーキテクチャ

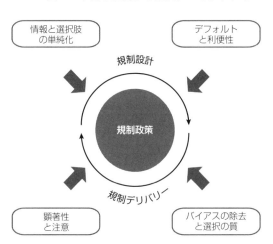

出所：Behavioural Insights Regulatory Policy and Behavioural Economics - Flyer
　　　(http://www.slideshare.net/OECD-GOV/regulatory-policy-and-behavioural-economics)

訳者解説

　以下では、これら4つのアプローチがとられた公共政策について、本書で紹介された事例を基に説明していく。

1）情報と選択肢の単純化の事例

　情報と選択肢の単純化の事例として、本書では英国のMidataイニシアティブが挙げられていた。英国ではパーソナルデータの利活用に関する消費者保護政策において、行動経済学の観点から政策が講じられている。英国のMidataと呼ばれるイニシアティブでは、2013年に移動体通信事業者に対して、データ開示の要求があった場合に、データの開示を強制する規制が導入された。この規制において、開示されるデータは、消費者が自分の利用状況を視覚的に容易に判断できるように、情報の要点を理解しやすく表示することを義務付けている（Behavioural Insights Team, 2014）（参照：図2）。

図2　英国のMidataイニシアティブの例

出所：The Behavioural Insights Team (2014), *EAST: Four simple ways to apply behavioural insights*, The Behavioural Insights Team.

このイニシアティブにより、消費者は多数あるサービスを容易に比較検討することができ、彼らにとって最適な選択肢の選択を容易にすることを可能にしたと言える。

　もう1つの事例としては、米国食品医薬品局（Food and Drug Administration: FDA）の「食品ピラミッド（food pyramid）」の取り組みの一環で実施された「食品の皿（food plate）」による栄養バランスの視覚化が挙げられていた。

　「食品の皿」は、最適な食事の栄養バランスを単純化して描かれた「皿」を提示することにより、人々がバランスの良い食品の摂取を可能とするための政策的取り組みである（参照：図3）。

図3　「食品の皿」のイメージ

出所：ChooseMyPlate.gov（http://www.choosemyplate.gov）．

2) デフォルトと利便性の事例

デフォルトと利便性の事例としては、臓器提供同意におけるオプトアウト方式の導入例が取り上げられていた。Jhonson and Goldstein (2004) の研究によれば、欧米各国における臓器提供への合意割合がオプトイン方式を採用する国（図4の左側4か国）に比べ、オプトアウト方式を採用する国（図4の右側7か国）の方が提供への合意割合が高いことを報告している。

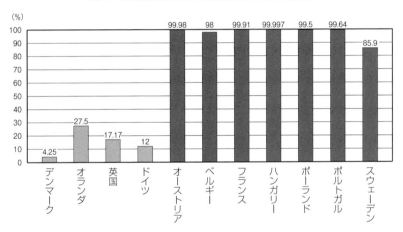

図4 欧米諸国における臓器提供同意率比較

出所：Johnson and Goldstein (2003).

さらに彼らは、オプトアウト方式をとる国々において臓器提供の同意率が高い要因として、オプトイン方式は明示的合意 (explicit-cinsent) をする必要があるが、オプトアウト方式の場合は推定合意 (presumed-consent) しているものとみなすことができることが要因であると論じている。

このオプトアウト方式の有効性を補強する事例として、年金加入率の事例が挙げられる。Madrian and Shea (2001) の報告によれば、米国の年金

制度である401kの加入においてオプトイン方式をとった場合の加入率が65％に留まっていたのに対し、オプアウト方式が採用されると90％にまでその加入率が上昇したことを報告している。

これら2つの事例は、人々が社会として望ましい行動をとってくれるように促すためにオプトアウト方式を活用した事例であるが、一方で、オプトアウト方式が消費者の利益を損ねてしまう問題に対する対処事例も取り上げられていた。EUの消費者権利指令（Consumer Rights Directive）では、マイクロソフト社のオペレーティングシステムを購入する際に、チェックボックスにあらかじめチェックが入って表示されていることにより、消費者は自分が意図しない商品をついつい購入してしまうという問題が生じたことに対して、本指令ではそのように表示することを規制している。これは、人間は無意識的にデフォルトを選択してしまうというデフォルト理論に基づき、販売者側が著しく有利になるような取引を制限するものである（EU, 2011）。

3) 顕著性と注意の事例

顕著性と注意の事例としては、米国のクレジットカード説明責任および開示法（The Credit Card Accountability Responsibility and Disclosure: CARD）による法規制が取り上げられていた。本法では、消費者にとって不明瞭な形式で提示される手数料や利息などの情報提供（いわゆる「隠された（hidden）」情報）を禁止している。

具体的な対策として、信用限度を超える取引を行う際に、当該取引を消費者が明示的に認めていない限り料金を課すことができないことや、月額返済金から割り出される完済までの期間と費用を請求書に記載させることを義務付けることなどが講じられている。

また、英国公正取引局は、調査の結果から、手数料やオプション料金が

追加的に表示される「ドリッププライシング (drip pricing)」は、消費者の認識を誤導する恐れがあることを報告している (Office of Fair Trading, 2010)。このことからも、消費者保護のためには、顕在化した価格表示が重要となることが理解できる。

また、年金の加入率を上げる方策として、顕在化の手法を用いた事例として、スウェーデンのオレンジ色の封筒が挙げられる。これは、国民が年金明細情報が同封された封筒を手に取り開封させることを目的として、他の封筒よりも目立つようにするために、オレンジ色の封筒を利用したものである。

極めて単純なアイディアによる顕在化の方策であるが、そのような小さな工夫が、国民の老後を変えていると考えると大変意味深いことである。

4) バイアスの除去と選択の質の例

バイアスの除去と選択の質の例としては、米国環境保護庁による車両のラベリングに対する規制の変更が取り上げられていた。Larrick and Soll (2008) の研究でも見られるように、非線形性(比例の関係が成り立たない)を伴う情報の提示は、消費者の「認知的錯誤 (cognitive illusion)」を誘発し、そのことは結果的に消費者の最適ではない選択につながってしまう恐れを生じさせる。

米国環境保護庁は、このような行動特性を認識して、車両のラベリングに対する規制の変更として、燃費経済性の線型的尺度である100マイル当たりガロンおよび予測年間燃料費で表した燃費経済性の記載を義務付けている。このことにより、消費者に発生してしまう認知的バイアスに対する「バイアスの除去 (debias)」を講じたのである。

以上、本書が焦点を当てた4つの選択アーキテクチャの適用事例を概観してきた。これらの事例に共通することは、国民を社会として望ましい選択に導くために、もしくは消費者保護のための方策として提示されている諸情報は、人々が熟慮した上での行動を想定した情報ではなく、直感を刺激したり、視覚的に情報を顕在化したり、提示する情報を限定することによって、反射的な行動（もしくは反射的な行動をとらないように）に導くことを意図したものである。

　このような、人々に対する情報の提示の仕方により、社会として望ましい結果を得ることができるのであれば、政策執行者にとっては、法を立法したり規制を導入したりするための政策コストの削減につながるであろう。また、政策の受動的立場である国民にとっては、すんなりと受け入れられる政策になりえると言える。なぜなら、最終的な意思決定は当事者である国民本人が行うからである。これこそが、リバタリアン・パターナリズムによる公共政策の真意であると言えよう。

齋藤 長行

参考文献

The Behavioural Insights Team (2014), *EAST: Four simple ways to apply behavioural insights*, The Behavioural Insights Team.
Consumer Rights (2011), Directive 2011/83/EU of the European Parliament and of the Council of 25 October 2011 on consumer rights, amending Council Directive 93/13/EEC and Directive 1999/44/EC of the European Parliament and of the Council and repealing Council Directive 85/577/EEC and Directive 97/7, EC of the European Parliament and of the Council.
Dye, T. R. (1995), *Understanding Public Policy*, 7th ed., Prentice-Hall.
Evans, J. St. B. T. (2008), "Dual-Processing Accounts of Reasoning, Judgment,

and Social Cognition", *Annual Review of Psychology*, 59: 255-278.
Johnson, E. J. and D. Goldstein (2003), "Do Defaults Save Lives?", *Science*, 302: 1338-1339.
Larrick, R.P. and J.B. Soll (2008), "The MPG Illusion", *Science*, 320: 1593-1594.
Lourenco, J.S., E. Ciriolo, S.R. Almeida and J. Troussard (2016), *Behavioural Insights Applied to Policy: European Report 2016*, Europran Union.
Lunn, P. (2014), *Rergulatiory Policy and Behavioural Economics*, OECD Publishing.
Madrian, B.C. and D.F. Shea (2001), "The Power of Suggestion: Inertia in 401 (k) Participation and Savings Behaviour", *Quarterly Journal of Economics*, 116: 1149-1187.
Nisbett, R. E. and T. D. Wilson (1977), "Telling more than what we can know: Verbal reports on mental processes", *Psychological Review*, 84, 231-259.
OECD (2015), *Behavioural insights and new approaches to policy design The views from the field Summary of an international seminar*, OECD.
OECD (2016), *Consumer Protection in E-commerce OECD Recommendation*, OECD Publishing.
Office of Fair Trading (2010), *Advertising of Prices*, Office of Fair Trading, London.
Oliver, A. (ed.) (2013), *Behavioural public policy*, Cambridge University Press.
Stanovich, K. (2005), *The Robot's Rebellion: Finding Meaning in the Age of Darwin*, Chicago: University of Chicago Press.
鈴木宏昭・福田玄明・鈴木聡・田中克明・山田歩 (2013)「無意識情報を用いたモチベーションの向上：ワーク・モチベーション・エンジニアリングに向けて」2013年度人工知能学会全国大会、pp.1-4.
Thaler, R. H., and C. R. Sunstein (2008), *Nudge : improving decisions about health, wealth, and happiness*, Yale University Press, London. (『実践行動経済学：健康、富、幸福への聡明な選択』リチャード・セイラー, キャス・サンスティーン著、遠藤真美訳、日経BP社、2009年)
UNCTAD (2012), *Consumer protection and competition policy*, United Nations.
UNCTAD (2014), *The benefit of competition policy for consumers*, United Nations.
World Bank (2015), *Mind, Society, and Behavior*, International Bank for Reconstruction and Development, The World Bank.

訳者あとがき

　本書を締めくくるにあたり、あとがきをここに記したい。Thaler & Sunsteinの"Nudge: improving decisions about health, wealth, and happiness"に出会って以降、私の研究の最大の関心は、ナッジによる公共政策となってしまった。言い換えれば、セーラー博士とサンスティーン博士から、行動公共政策の世界に引きずり込まれてしまった、そのように私は感じている。それほど、彼らの書は私にとって衝撃であった。

　そんな行動公共政策との出会い以降、行動経済学の洞察を活用した公共政策に関する論文や書籍のレビューに勤しむようになった私が、再び衝撃を受けたのが本書"Regulatory Policy and Behavioural Economics"である。

　私は、2012年から2013年にかけて、OECDの科学技術産業局（Directorate for Science, Technology and Industry: STI）のポリシーアナリストとして、政策研究の職に就いていたことから、日本に帰国してからは、日々OECDの政策動向をチェックすることが日課となっていた。そして、2014年の10月のとある日に、いつものようにOECDのサイトをチェックしていた私の目に飛び込んできたテキストが、本書のタイトルであった。

　ついに、OECDが国際社会に向けて、行動経済学の洞察を公共政策に取り入れようとしているのかと、私の鼓動が高鳴るのを感じたことを今も鮮明に覚えている。

　本書をウェブページで読み、私は直ちに翻訳本の出版企画書を書き、明石書店にその企画を持ち込んだ。OECDの報告書"The Protection of Children Online"（邦題『サイバーリスクから子どもを守る』）の翻訳作業の打ち合わせで明石書店の安田さんと面会する予定があったことから、その

125

機会を利用させて頂き、本書の翻訳を提案したという次第である。

　安田さんは、二つ返事で社内調整をして下さることを私に約束してくださった。という経緯から、本書を世に送り出すことができたのは、安田さんあってのことだと感じている。

　その提案以降、私は結果的に二冊の翻訳本の翻訳作業を同時に進めることとなった。前作を出版することができたとともに、本書も、無事に出版に漕ぎ着けたことを安堵している。

　本書の本文でも紹介されているように、英国・米国をはじめとして、欧州各国では、行動経済学の洞察を活用した公共政策が積極的に取り組まれている。そのような国際動向を日本の皆様に伝えることが、私の本書を翻訳するモチベーションであった。

　よって、国や地方の政策に関わる公務に就かれている方々、国や地方公共団体と連携して業務に従事している民間社会団体や民間企業の方々、大学や研究機関で研究業務に就かれている方々、大学で学んでいる大学院生・学部生の方々、その他行動経済学の洞察の公共政策への導入にご関心をお持ちの方々など、様々な方から本書を手にとって頂き、OECDが目指す新しいアプローチによる公共事業の方向性について見識を深めて頂けたらと思っている次第である。

　最後に謝辞を述べさせて頂きたい。本書を執筆したピート・ラン博士に感謝の意を述べたい。博士のご努力があってこそ、最新の行動経済学の洞察を活用した公共政策の国際動向を日本の皆様に紹介することができた。

　本書の翻訳にあたっては、科学研究助成金「青少年保護バイデザインを実践する青少年保護チェックリストの策定と評価に関する研究（研究課題番号：26330389）」による研究支援を受けて行うことができた。

　また、先ほども触れたが、明石書店の安田伸さんには、多大なるご支援

訳者あとがき

を頂いた。出版に関する業務は勿論のこと、私のつたない翻訳文の修正のために、細部に渡るまできめ細やかなご指摘を頂いた。本書の企画を持ち込んでから二年の月日を要してしまったが、その間、辛抱強く待って頂いたことにも感謝したい。

　今年の夏、妻と三人の子どもたちと一緒に、私の実家に帰省した。私の実家は、居酒屋を営んでいるのだが、その店のカウンターに私の前書『サイバーリスクから子どもを守る』が置いてあった。
　ずっとカウンターに置いていたせいか、手に取ったときに、少々油が手につく感じを覚えた。仕事の時も、いつも手元に置いて、眺めていてくれたのであろう。
　陰ながら支えていてくれている両親に感謝の気持ちを記して、本書を締めくくることにしたい。

2016年9月3日
自宅書斎にて

齋藤　長行

◎訳者紹介

齋藤 長行（さいとう・ながゆき）　SAITO Nagayuki
山形県出身。慶應義塾大学大学院メディアデザイン研究科後期博士課程修了。博士（メディアデザイン学）。青山学院大学HiRC客員研究員、経済協力開発機構（OECD）科学技術産業局（STI）ポリシーアナリスト、国立国会図書館非常勤研究員等を経て、現在、KDDI研究所研究主査、お茶の水女子大学非常勤講師、慶應メディアデザイン研究所リサーチャー。総務省の「青少年のインターネット・リテラシー指標に関する有識者検討会」では委員に就任し、「青少年がインターネットを安全に安心して活用するためのリテラシー指標（ILAS）」の策定に加わる。2015年5月アジア太平洋経済協力（APEC）第2回高級実務者会合（SMO 2）第52回電気通信・情報作業部会（APEC TEL 52）では、日本の青少年保護の取り組みを発表。現在、OECD科学技術イノベーション局（STI）デジタル経済政策委員会（CDEP）デジタル経済計測分析作業部会（WPMADE）において、国際的なインターネット上の青少年保護に関する指標策定に向けた取り組みを行っている。主要著訳書：『サイバーリスクから子どもを守る：エビデンスに基づく青少年保護政策』（訳著、経済協力開発機構（OECD）編著、明石書店、2016年）、Saito, N.（2015）"Internet Literacy in Japan"（*OECD Science, Technology and Industry Working Papers*, No. 2015/03, OECD Publishing, Paris）。主要論文：「インターネット上の青少年保護政策担当者の政策意思決定構造に関する研究」（『国際公共経済研究』第25号、国際公共経済学会、2014年）。

行動公共政策
――行動経済学の洞察を活用した新たな政策設計

2016年9月28日　初版第1刷発行

編著者　経済協力開発機構（OECD）
訳　者　齋藤長行
発行者　石井昭男
発行所　株式会社 明石書店
　　　　　〒101-0021
　　　　　東京都千代田区外神田6-9-5
　　　　　TEL　03-5818-1171
　　　　　FAX　03-5818-1174
　　　　　http://www.akashi.co.jp/
　　　　　振替 00100-7-24505

組版　明石書店デザイン室
印刷・製本　モリモト印刷株式会社

（定価はカバーに表示してあります）　　ISBN978-4-7503-4411-9

研究活用の政策学
――社会研究とエビデンス

サンドラ・M・ナトリー、イザベル・ウォルター、ヒュー・T・O・デイヴィス 著
惣脇宏、豊浩子、籾井圭子、岩崎久美子、大槻達也 訳

A5判／上製／452頁 ◎5400円

研究エビデンスを活用するということはどういうことで、また、どのようにすれば活用されるのか。保健医療、ソーシャルケア、教育、刑事司法の各領域における公共政策や行政サービス提供から、研究活用や実践における各種の理論やモデルを詳細に考察する。

内容構成

- 第1章 はじめに：エビデンスの活用
- 第2章 研究活用の形態
- 第3章 研究活用を方向づける要素
- 第4章 研究活用のモデル
- 第5章 研究活用改善のメカニズム
- 第6章 主要な理論と概念――学習理論、ナレッジマネジメント、イノベーション普及理論
- 第7章 実践における研究活用の改善
- 第8章 政策における研究活用の改善
- 第9章 研究インパクト評価
- 第10章 結論

メタ認知の教育学 生きる力を育む創造的数学力
OECD教育研究革新センター編著　篠原真子、篠原康正、袰岩晶訳
●3600円

21世紀型学習のリーダーシップ イノベーティブな学習環境をつくる
OECD教育研究革新センター編著　斎藤里美、本田伊克、大西公恵、三浦綾希子、藤波海訳　木下江美、布川あゆみ監訳
●4500円

学びのイノベーション 21世紀型学習の創発モデル
OECD教育研究革新センター編著　有本昌弘監訳　多々納誠子、小熊利江訳
●4500円

多様性を拓く教師教育 多文化時代の各国の取り組み
OECD教育研究革新センター編著　斎藤里美監訳　本名信行監訳　徳永優子、稲田智子、来田誠一郎、定延由紀、西村美由紀、矢倉美登里訳
●6800円

グローバル化と言語能力 自己と他者、そして世界をどうみるか
OECD教育研究革新センター編著　有本昌弘監訳　多々納誠子、小熊利江訳
●4500円

学習の本質 研究の活用から実践へ
OECD教育研究革新センター編著　立田慶裕、平沢安政監訳　佐藤智子ほか訳
●4600円

知識の創造・普及・活用 学習社会のナレッジ・マネジメント
OECD教育研究革新センター編著　立田慶裕監訳
●5600円

脳からみた学習 新しい学習科学の誕生
OECD教育研究革新センター編著　小山麻紀、徳永優子訳　小泉英明監修
●4800円

〈価格は本体価格です〉

主観的幸福を測る
OECDガイドライン

経済協力開発機構（OECD）編著
桑原進 監訳　高橋しのぶ 訳

A5判／上製／432頁
◎5400円

人は自分の生活についてどのように評価し、どのように感じているか。主観的幸福を測定し比較することは可能なのか。「生活評価」「感情」「エウダイモニア」等の心理的な尺度に焦点をあて、主観的幸福を測定し評価するためのガイドラインを提示する。

● 内容構成 ●

- 第1章　主観的幸福尺度の概念と妥当性
- 第2章　主観的幸福測定の方法論的考察
- 第3章　主観的幸福の測定
- 第4章　主観的幸福度データの公表と分析
- 附録A　主観的幸福尺度の実例
- 附録B　質問群

幸福の世界経済史
OECD開発センター編著　徳永優子訳
1820年以降、私たちの暮らしと社会はどのような進歩を遂げてきたのか
●6800円

格差拡大の真実
経済協力開発機構（OECD）編著　小島克久、金子能宏訳
二極化の要因を解き明かす
●7200円

創造的地域づくりと文化
経済協力開発機構（OECD）編著　寺尾仁訳
経済成長と社会的結束のための文化活動
●4500円

OECD教員白書
〈第1回OECD国際教員指導環境調査（TALIS）報告書〉
OECD編著　斎藤里美監訳
効果的な教育実践と学習環境をつくる
●7400円

OECD保育白書
OECD編著　星三和子、首藤美香子、大和洋子、一見真理子訳
人生の始まりこそ力強く：乳幼児期の教育とケア（ECEC）の国際比較
●7600円

OECD幸福度白書2
OECD編著　西村美由起訳
より良い暮らし指標：生活向上と社会進歩の国際比較
●4500円

OECDジェンダー白書
OECD編著　濱田久美子訳
今こそ男女格差解消に向けた取り組みを！
●7200円

OECD成人スキル白書
〈第1回国際成人力調査（PIAAC）報告書〉〈OECDスキル・アウトルック2013年版〉
経済協力開発機構（OECD）編著　矢倉美登里ほか訳
●8600円

〈価格は本体価格です〉

サイバーリスクから子どもを守る
エビデンスに基づく青少年保護政策

経済協力開発機構（OECD）編著
齋藤長行 著訳　新垣円 訳

A5判／上製　280頁　◎3600円

インターネット上のリスクにさらされている青少年を保護するにはどうすればよいか。本書は、OECDによる調査研究の成果と保護政策促進に向けた勧告、そして日本におけるインターネット・リテラシー指標（ILAS）の調査結果を収録している。

●内容構成●

勧告　OECDインターネット上の青少年の保護に関する理事会勧告

第Ⅰ部　インターネットのリスクにさらされている子どもたちを守るための青少年保護政策報告書
- 序章　インターネットのリスクにさらされている子どもたち
- 第1章　インターネット上の子どもたちのリスク
- 第2章　インターネットを利用する子どもたちの保護
- 第3章　政策上の主要な知見
- 付録1　インターネットを利用する子どもたちの保護政策の記述的概要
- 付録2　表と図

第Ⅱ部　日本のインターネット・リテラシー指標開発プロジェクト
- 第1章　政策立案のためのインターネット・リテラシー指標システムの開発
- 第2章　日本のインターネット・リテラシー指標システムの効果の検証
- 第3章　青少年のインターネットの安全利用の分析と評価
- 第4章　主要な知見と政策提言

21世紀のICT学習環境
生徒・コンピュータ・学習を結び付ける
経済協力開発機構（OECD）編著　国立教育政策研究所監訳
●3700円

インターネット経済
デジタル経済分野の公共政策《OECDソウル宣言進捗レビュー》
経済協力開発機構（OECD）編著　入江晃史訳
●4500円

官民パートナーシップ
PPP・PFIプロジェクトの成功と財政負担
OECD編著　平井文三監訳
●4500円

世界の行政改革
21世紀型政府のグローバル・スタンダード
経済協力開発機構（OECD）編　平井文三訳
●4600円

OECD規制影響分析
政策評価のためのツール
経済協力開発機構（OECD）編　山本哲三訳
●4600円

図表でみる世界の主要統計
経済、環境、社会に関する統計資料
OECDファクトブック（2014年版）
経済協力開発機構（OECD）編　トリフォリオ訳
●8200円

図表でみる教育
OECDインディケータ（2015年版）
経済協力開発機構（OECD）編
徳永優子・稲田智子・西村美由起・矢倉美登里訳
●8600円

図表でみる世界の行政改革
オールカラー版
OECDインディケータ（2015年版）
OECD編著　平井文三訳
●6800円

〈価格は本体価格です〉